做大企业
发展的铺路石

——改革开放与青岛企业家现象札记

王 宁 著

青岛出版社
QINGDAO PUBLISHING HOUSE

引 言

以史为鉴，可以知兴替

为青岛大企业服务40多年，感触很深。这期间，我虽然没有当过企业的董事长、总经理，但是自始至终在与企业相关的领域工作。特别是在市委组织部负责市直大企业领导干部管理工作和在市政府国资委主持工作期间，直接为海尔、海信、青啤、青岛港等大企业服务，亲身经历了中国经济超越日、德、英、法，与美国抗衡的奋斗历程。

青岛是近代中国工业发祥地之一。从地理位置上看，这是一个非常适合办企业的地方。康有为描绘青岛有四句话，"青山绿树，碧海蓝天，不寒不暑，可舟可车"。其中"可舟可车"讲的就是青岛交通方便，四通八达，这是青岛适合办企业的基础条件。

青岛是一个移民城市，南来北往的人很多。上溯两三代，青岛人的祖籍几乎都是在外地，真正土生土长的当地人很少。移民大多都无拘无束，冒险精神、创业精神很强。四面八方的人来青岛谋生、创业，为青岛的城市和企业发展注入了活力。

丰富的人流、物流、信息流和资金流，让青岛企业生生不息。德日占领时期，中国最早的工业企业诞生，如四方机厂、发电厂、自来水厂、纺织厂。民国时期，直属国民政府的中纺公司创立，管理了十几个大棉纺厂、染织厂；同样直属国民政府的齐鲁公司，管理了啤酒、卷烟、橡胶等许多企业。新中国成立初期，青岛纺织、轻工企业发展迅速，一度与上海、天津并列，在国内号称"上青天"。

改革开放以后，青岛企业又焕发了青春，出现了著名的"青岛现象"。冰箱、彩电、洗衣机等众多的名牌产品，张瑞敏、常德传、周厚健、汪海、李桂荣、鲁群生、徐恭藻、姜志光等众多的名牌企业家，海尔、海信、青啤、青岛港、双星、澳柯玛等众多的名牌大企业，都给青岛这座城市带来了无上荣光，并且在很长的历史时期中，发挥了骨干和支撑作用。

特别想说的是，"五朵金花"来之不易。改革开放以后兴起的海尔、海信、青啤、双星、澳柯玛等，开始时都是非常小的企业。海尔是市二轻局所属家电公司之下的一个只有几百人的集体所有制小工厂，海信开始时是一个市级机关办的五七工厂，青啤当时全厂不到1000名工人，双星也只有单一的胶鞋品种，澳柯玛厂区狭小，车间建在了吊铺上。这些企业没有获得大规模投资，主要是靠企业家努力和市委、市政府支持兴办起来的。

"支持不干预"。这是张瑞敏同志在几十年前对市委、市

左起：常德传、鲁群生、张瑞敏、周厚健、李桂荣、汪海

政府机关的评价，也是市老领导刘鹏书记、俞正声书记等人给我们留下的宝贵精神财富。简单讲就是"三好"——选一个好人、建一个好机制、创造一个好环境。当然这个概括也不一定完全合适，但确实是我的亲身体会。好人，特指就是选听党的话、跟党走，具备企业家才能的人；好机制，就是给企业最大的自主权；好环境，是动员全社会上上下下，形成尊重企业家、支持大企业的氛围。

"**不找市长找市场**"。这是青岛大企业几十年来赖以生存和发展的法宝。市场竞争是非常惨烈的，现在国内一些改革开放初期与海尔、海信一起出现的企业，大部分都销声匿迹了，而青岛这些企业仍然保持在持续发展的上升期。他们也不是完全不找市长，但是在找市长还是找市场的份额上，找市场的精力还是占了绝大部分。比起来,他们离市场近、离市长远。他们头脑里的弦始终没有变。习近平总书记指出,"幸福都是奋斗出来的"。青岛企业的蓬勃发展,是靠企业家们和企业员工拼搏干出来的。我想,过去革命战争时期的英雄主要是军事家,现在市场经济时期的英雄应该是这些企业家。

不忘初心
方得始终

引 言
以史为鉴，可以知兴替 / 1

1 企业家是最宝贵的稀缺资源
改革开放以来，青岛优秀企业家群体的产生与发展 / 003
青岛企业家队伍建设，通过多次中央重要会议宣传介绍闻名全国 / 005

2 千方百计激励企业家干事创业
在全国率先实现国有企业领导人员年薪制 / 021
强身健体，机制比体制更重要 / 023
新时期新激励，国有股权增量分享 / 024
限高、对标、分类、导向 / 028
大盘"L"形下滑，地方"U"形上升 / 032

3 竭尽全力为企业排忧解难
2004年，面对许多央企大项目的引进，
开通大企业直通车，简化程序，提高效率 / 039

2009 年，面对国际金融危机，
通过选派企业联络员，走进企业，上门服务 / 040
2018 年，面对中美贸易摩擦，
组织服务企业工作队派驻区市，"靠上去"解决问题 / 041
2013 年至 2019 年，面对企业转型升级，
专门把为市直大企业排忧解难列为国资管理主要工作任务 / 042
支持海信电子控股深入混改 / 045
助力双星完成并购韩国锦湖轮胎 / 049
推动青岛银行、青岛农商银行关键问题的解决 / 055
全力推进青岛特钢与中信泰富特钢重组合作 / 061

坚持以改革促进企业发展 4

改革先从国资委自身做起 / 071
推动国企发展改革的"黄金 60 条" / 074

把保护干事创业寓于监督工作之中 5

把监督工作的坐标放在服务企业发展的大局上 / 087
"1+3"工作细则，从制度上解决党委书记、董事长、总经理、
监事会主席"干什么""怎么干""干到什么程度"的问题 / 092
外派监事会维护青岛大企业发展 20 年 / 094
问题管理，抓住监督工作的核心内容 / 096

始终把职工群众的冷暖放在心上 6

水能载舟，亦能覆舟 / 101
一个老大难问题的解决 / 103
企业信访，怎样从 50% 降到了 1% / 107

7 党的建设永远都是国企工作的重中之重

党的领导不断线，党管干部不放手 / 121
国资国企四大变化 / 123

8 经营者之家
——青岛市企业经营者评荐中心和青岛市企业家促进会

青岛市企业经营者评荐中心和青岛市企业家促进会的起因 / 143
政策支持的平台 / 147
开阔视野的平台 / 150
继续学习的平台 / 154
选才荐能的平台 / 161

9 温故知新，我的梦就是大企业梦

信心来源于企业，力量也来源于企业 / 169

结 语

怎么样把失去的补回来，怎么样赢得下一个回合的竞争 / 179

附 件

在全市组工干部培训班上的讲课稿（2002年12月） / 183

后 记

尊重企业，尊重企业家 / 207

1

企业家是最宝贵的稀缺资源

　　城市的竞争,很重要的就是企业的竞争,而企业的竞争中最关键的要素,则是企业家。一个企业家的能力如何,不仅决定着一个企业的命运,而且对整个城市经济发展、社会进步和政治稳定,都起着至关重要的作用。

改革开放以来，
青岛优秀企业家群体的产生与发展

1980年代是一个加快对外开放的时代，也是一个催生企业家的时代。青岛作为首批全国十四个沿海开放城市之一，一鼓作气，从国外引进了几十条生产线。借梯登高，张瑞敏等一大批年轻的企业经营管理者，一方面学习、吸收、消化国外的先进技术，一方面在市场竞争中奋勇拼搏，在创造了"五朵金花"的同时，也成就了他们自己。优秀企业家都是在激烈的市场竞争当中脱颖而出的。

2000年左右，"青岛现象"成为国内经济界研究的一个重要课题。这么多的著名品牌，这么多的知名大企业，这么多的优秀企业家产生于青岛，绝不是一个偶然的现象。这其中固然有青岛作为一个传统的轻纺工业城市，在1980年代我国第一次消费升级浪潮中容易获得公众的关注，从而使相关品牌和企业脱颖而出这一"天时"，但更重要的，还是青岛这片热土的"地利"和"人和"。其中，最主要的就是市委、市政府高瞻远瞩，支持不干预，为企业和企业家创造了一个在全国同类城市中少有的宽松环境，最大限度地释放了企业家干事创业的积极性和创造性。

青岛部分中国知名品牌

青岛企业家队伍建设，通过多次中央重要会议宣传介绍闻名全国

2003年12月，中共中央、国务院在北京召开全国人才工作会议，这也是我们党和新中国历史上的第一次。特别令人高兴的是，青岛市委组织部起草的中共青岛市委《坚持党管人才原则，努力造就优秀的企业家群体》典型经验材料，在会上做了交流。

与以往不同的是，这次大会的交流材料有58份，经验之多、内容之丰富，可谓百花齐放。材料涉及工业、农业、教育、科研几乎所有行业和地方、企业、非公和少数民族等所有领域，而介绍企业家队伍建设的只有青岛一家，大家普遍反映非常新颖。

在这次大会上，党中央正式提出了牢固树立人才资源是第一资源的观念；牢固树立人人都可以成才的观念；牢固树立以人为本的观念。这为我们的工作指明了方向。

2004年11月，全国国有企业领导班子思想政治建设座谈会在青岛召开，中央政治局委员、中央书记处书记、中央组织部部长贺国强同志出席并讲话。中共青岛市委以《加强国

有企业领导班子能力建设，努力造就优秀企业家群体》，在大会做了主要的典型发言。

这次会议，也是新中国成立以来第一次把53家中央管理的国有重要骨干企业主要负责人、10家中央管理的金融机构主要负责人，集中在一起召开的大会。当时，全国许多省、市都在下功夫争取做这次会议的主办地，一方面是考虑政治影响，但更重要的是借为会议服务的机会招商引资。而中央确定在青岛开会，主要还是看重青岛市名牌大企业和优秀企业家群体的优势。

省委和市委对这次会议的服务工作非常重视，针对53家央企和10家全国金融机构，每一个企业主要负责人都对口成立了专门联络班子。

市领导专门对我们讲，海尔服务用户有一个口号，"让用户汗毛孔也要感到舒服"，机关的同志要向海尔学习，让央企和中央金融机构的领导同志把心留下，把根留在青岛。

市领导还谈到，青岛经济长远发展要建设三个支点。一是地方国企集群，二是央企和省企、外省市国企集群，三是外企和民企集群。现在地方国企已经有了，要利用这次会议，把央企大规模引进来，下步还要把外企和民企搞上去。大家听了都很振奋。

这次正式会议的会期只有两天，其中一天半是领导讲话和代表交流讨论，另有半天时间参观青岛企业。也只有这半天，可能会给各大央企和各大银行领导同志留下深刻印象，领导要求大家一定认真想明白、策划好。

我们为这件事想了好几天。当时青岛只有海尔、海信、青啤、青岛港可以看，但是来来往往，时间上非常紧张。有天晚上，突然想起来，从海上看青岛非常漂亮，思路豁然开朗。第二天一早就给领导建议，很快就定下了接待方案：从奥帆中心乘船到黄岛，然后参观海尔、海信、青岛港。当时奥帆中心刚刚完成拆迁，市里抓紧平整了地面，搭建了临时码头。

当天，调集的一艘非常漂亮的大客船在海上航行起来相当壮观。一出码头，代表们就发出阵阵惊叹。看着东部新城，他们讲，这不是小曼哈顿吗？到了栈桥、老市区外边，他们讲，这和欧洲城市一样漂亮。到了前湾港码头，他们讲，这么大的码头，这么大的地方，真是建大企业的好地方。

随后，青岛港常德传、海尔杨绵绵，分别在企业给大家介绍了各自的创业史和美好前景。中组部领导当场对央企和银行领导同志们讲，青岛这些企业都不是靠国家投资搞起来

从海上看青岛港

的，央企要学习青岛企业家的创业精神。

会后，青岛市委、市政府各部门根据分工，又盯了这些央企和大银行好几年。经常回访，春节还以市委、市政府的名义发感谢信。

这次会议的红利，一直持续释放了好几年：大炼油、大造船，还有其他项目纷纷落户青岛。由于大项目陆续开工投产，2008年和2009年，青岛国内生产总值连续两年位居全国所有城市第9位，为改革开放以来历史最好水平。

回忆起这些往事，确实能感受到张瑞敏、周厚健这些优秀企业家的影响，远远不止于企业本身，他们对青岛这个城市的发展起到了很重要的作用。

前面也讲过，为什么在那个历史阶段，这种现象只有青岛有，而其他城市比较少见？青岛这些企业是怎样发展起来的？而这些企业家又是怎样产生、怎样成长起来的？这里面市委、市政府和市委组织部又起到了什么作用？

最近，在整理有关资料的时候，我找到了2002年12月在全市组工干部培训班上的一个讲稿。这个稿子，对市委、市政府和市委组织部在企业家队伍建设上的努力，进行了比较详细的梳理。之后，市委在全国人才工作会议、全国国有企业领导班子思想政治建设会议和第二次全国干部人事制度改革会议上做了三次典型发言，有关情况基本上都来自这个讲稿。

这次，除了对个别地方进行了调整之外，稿子基本上都是原汁原味，附在正文之后（附件），奉献给继续做这方面工作的同志们。

当时的稿子讲了两个方面的情况,一方面讲了为什么要做好企业家队伍建设的大背景,另一方面讲了市委、市政府和市委组织部在企业家队伍建设上所做的努力。

关于企业家队伍建设的大背景,讲了以下几个问题。

目前整个社会当中,什么是最宝贵的资源

一些学者讲,对整个社会和整个世界而言,资源可分为四类,即自然资源、资本资源、信息资源和人力资源。具体到一个社会组织或经济组织当中,包括组织部门,包括工厂、企业,包括各种各样的有关单位,又可以分为三种,就是经济资源、信息资源和人力资源。

无论是三种资源也好,还是四种资源也好,仔细琢磨一下,这里边最宝贵的东西是什么?经济资源是什么?它就是钱,就是生存的基础,没有钱什么事都办不了;信息资源是什么?就是决策和做事的基础,信息时代,你什么都不知道,孤陋寡闻,什么事都办不了。还有自然资源,这些都是非常宝贵的。

但是,最重要的就是人,就是人力资源。有了钱,没有高素质的人去使用它,这个钱肯定不能升值;有了信息,没有高素质的人去处理它,也肯定不能办成大事。有了高素质的人,没有钱,也能创造钱;没有信息,也能获取信息。这就是人力资源最可贵的内涵。

人力资源,就是指能够推动经济和社会发展的、具有智

海尔集团领导参加国际研讨会

力劳动和体力劳动的人口的总和,它是生产活动中最活跃的因素,也是一切资源中最重要的资源。现在许许多多的人,都已经认识到人力资源就是第一资源。

应该坚持什么样的人才标准

对于什么是人才,许多人脑子里肯定都有一个概念。什么是人才?"文革"时期叫"臭老九"。1982年,国家首次提出了人才标准,就是具有"中专以上学历和初级以上职称"的人。过去,我曾咨询一些相关部门的人,他们说,青岛引进人才的最低门槛,就是本科以上学历。

按照这个标准,会出现一个什么情况呢?就是比尔·盖茨来青岛我们也不要。尽管他个人持有的股票价值数百亿美元,相当于当时好几个青岛的经济总量,但是他大学没有上完,只有相当于大专的文凭,所以他不属于人才的范畴。这说明了什么?当然不光青岛,包括一些先进大城市,都是这种认知。大家想想，如果连比尔·盖茨这样的人都不是人才，如果连比尔·盖茨这样的人都进不了青岛，这是不是太滑稽了？为什么会产生这种现象？怎么样去解决这个问题？必须从理论上去找答案。

对人的管理与开发的理论，近20年来发展很快。它从人事管理到人力资源管理与开发，再到人力资本的管理与开发，已经产生了几次飞跃。

所谓人事管理，其实就是一种直线的东西，从人的招收、录用、调配、工资调整到提拔使用，等等，实际上就是静态管理，它把人看作是一种物品，一种成本，一种被管理的东西。这就是人人都明白的人事管理。

所谓人力资源管理与开发，它实际上已经进化成一种平面的东西，它把人看作是一种有效的资源来经营、来开发，它从发掘人的潜力入手，更加注重人的智慧、技艺和能力的提高与人的全面发展，它是以人为中心，强调人和事的统一，它实际上已经进入了一种动态的境界。

所谓人力资本的管理与开发，就更上了一个层次，实际上呈现出的是一个立体的概念，它把凝聚在劳动者身上的知识、技能及其所表现出来的能力统统都进行了价值量化。

量化以后是一个什么概念呢？他创造的价值，可以产生几何式的增长，一块钱可以变成几百、几千、几万、几千万，与此同时，他自己也具有了价值，就是身价，也可以从一块钱变成几百、几千、几万、几千万，变成了一种可以升值的资本。这样不管他/她的肤色是白种、黄种、黑种，不管其语族是拉丁、日耳曼、斯拉夫，也不管其国家是中国、日本、韩国，都可以根据其知识要素（受教育的程度）、能力要素（经历）、业绩要素（做出的贡献）这三个东西，来确定身价。

这样的结果是什么呢？人才就可以在全世界进行流通、进行交换了。它实际上就成为世界经济一体化的一个非常重要的组成部分。同时，也形成了一个全世界通用的人才理论依据。

从人事管理，到人力资源管理，再到人力资本管理，通过分析这些概念，可以得出一个结论：

人事管理理论所界定的人才标准，实际上就是学历的高低，说到家就是根据你上学的多少，来确定你的水平高低。

人力资源管理理论所界定的人才标准，实际上就是作用大小，根据人才在实际工作中所发挥的作用来鉴定人才水平的高低。比如说正常情况下，一个单位的局长在这个单位发挥的作用要远远高于一个普通干事所发挥的作用，从这个意义上讲，这个局长肯定是一个比这个干事水平要高的人才。

人力资本管理理论所界定的人才标准，就是创造价值的能力，用这个标准来衡量，张瑞敏、周厚健就是人才。为什么说他们是人才？因为他们的本事大，他们创造的价值别人比不了，而比他们职务高的人，不一定有比他们大的本事。

从以上情况来看，不同的理论有不同的人才标准，要与时俱进，必须突破传统理论的束缚。现在，一贯看重学历、资历的日本、英国，在人事改革中都明确提出了"能力主义"，并取消了学历统计。所以，必须不断学习新知识，用新的理论统一思想、指导行动。只有这样，工作才能与时俱进，才能更有成效。

新形势下，如何培养出成千上万的优秀人才

有一个特别大的跨国公司总裁讲过，三流企业靠人才，二流企业靠机制，一流企业靠文化。

一般来讲，人才是最重要的。一个单位靠什么？主要是靠人才。对这个问题，他的回答是：一个企业如果太依赖某个人的话，那就太危险了，这个人走了怎么办？这个企业不就垮了吗？所以，这样的企业只能算作三流企业。

二流企业靠什么？它的进步在于把企业安危系于一身的东西转变成为一种机制，机制肯定要比个人管用。因此，只要机制适应了人才成长的需要，不管是什么人，谁走了都不会影响企业的发展。

但是，从世界一流的企业来看，包括正在向世界一流企业迈进的海尔、海信、青啤、青岛港等青岛企业，它告诉大家一个非常清晰的道理，一流的企业都是靠文化来管理的，机制不能挖掘出人的潜力，但是文化却能。文化的力量是巨大的，在这些企业的文化当中，它都渗透着一种激情，它使每一个在这个企业工作的员工都认为自己做的是世界上最伟大的事业。比如微软，在它那个企业里边，甚至连看门的人也都感觉到在这个企业工作非常荣耀。

从青岛的情况看，为什么海尔产生了这么多的人才？你到他们的企业看看，有一大批"小张瑞敏"；你到海信去看看，也有一大批"小周厚健"；你再到青岛啤酒去了解一下，为什么彭作义去世了，马上就推出了金志国，并且比彭作义时代又有了质的飞跃？这都是企业文化培养的结果。

50岁以上的人都经历了毛泽东时代，那是个什么时代？那是一个英雄辈出的时代，是一个一呼百应的时代。其实产生这些英雄的力量就是一种文化，就是毛泽东思想，这就是文化的力量。

近几年，中央又把发展先进文化放在了非常突出的地位，把它同发展先进生产力相提并论。起初学习的时候，我对把先进文化提得这么高感到比较吃惊、不好理解。仔细琢磨一下会发现，其实文化就是促进，文化就是保证。

再放眼世界，美国的国庆日不是他们建国的日子，也不是华盛顿当总统的日子，而是《独立宣言》通过的日子。《独立宣言》的意义是什么？实际上它就是标志着美国文化的开始。这里不是讲美国比我们好，而是讲文化对全世界各国都是最重要的。

所以，目前来看，工作要保持与时俱进，就必须形成自己的文化，每个地区、每个单位要发展也要形成自己的文化。青岛的文化是什么？个人理解就是"青岛现象"：不干则已，干则争第一，这就是青岛优秀企业家的激情。

关于市委、市政府和市委组织部在企业家队伍建设上所做的努力，当时主要讲了以下几个问题。

坚持以服务为核心，不断调整企业领导干部管理方式，为企业家的成长开辟广阔空间

改革开放以来，在管理方面，青岛坚持与时俱进，紧紧围绕促进生产力的发展不断调整企业领导干部管理体制，努力为企业家的成长开辟一个又一个更广阔的空间。

从1984年到1992年，针对"下管两级"制度对企业干部管得过死、企业缺少自主权的问题，把县团级企业干部管理权限下放到企业主管局，有力地调动了各方面积极性，催生了海尔、海信、双星等"五朵金花"。

从1992年到1998年，针对企业主管局对企业家工作干预较多、影响企业发展的问题，一些大企业被从主管局分离出来由市里直接管理，为他们的发展拓展了空间，海尔、海信、双星、澳柯玛形成企业集团，张瑞敏、汪海等人声名鹊起。

从1998年到党的十六大，针对政企不分、套用党政干部模式管理企业领导人员、妨碍企业家按市场规律放手经营的问题，结合建立现代企业制度，对企业领导人员实行了分类分层分级管理。

坚持赛马不相马，能人里面选好人，谁能被市场接受就用谁

当时，青岛对企业领导干部的选拔主要有两种方式：

组织选拔。从企业长远发展着眼，破除论资排辈观念，大胆起用年轻干部。海尔的张瑞敏、海信的周厚健、颐中的蒲强、澳柯玛的鲁群生都在35岁左右就担负了重任。后来，一批能力强、业绩好的干部又通过这种方式被推上企业重要领导岗位,如青啤的金志国等,上任后都为企业带来巨大效益。

市场配置。1998年,市委、市政府投入6000多万元资金,专门成立了青岛市企业经营者评荐中心。评荐中心采取背景调查、业绩评估、素质测评、情景模拟等一系列符合市场特点的办法,为100多家各类企业成功推荐了总经理、独立董事、监事、审计特派员、营销总监、财务总监、人力资源总监、技术总监、法律顾问等400多名高级经营管理人才,涉及工业、农业、商业、旅游、金融、证券、保险和外经贸等十几个行业。

坚持让成功者更成功,让年轻人站在巨人的肩膀上往前走,从基层企业一把手当中培养大集团一把手

一是注重实践锻炼。对生产经营中涌现的优秀人才,果断地放在基层企业一把手岗位上,让他们直接在市场经济的环境中锻炼成长;对实践证明确实优秀的企业一把手,只要没有大的问题,一般不轻易进行调整。

二是实施后备计划。始终掌握着一批素质较高的大企业集团后备一把手名单,以备不时之需。

三是加快知识更新。紧跟世界科技和企业管理的发展趋势,注重培训内容的针对性和效果的层递性。

坚持着眼长远,强化激励,把努力提高企业家的职业精神变为长久的、个人自发的、具有高度责任心的原动力

物质激励。早在1998年,青岛就在部分企业推行了以基薪和风险收益为主要内容的年薪制;同时,又开始推行期股期权制，把企业家收入的绝大部分转化为股份，几年后经审计没有问题才能兑现，部分薪酬退休后才能兑付。

事业激励。1980年代末，把红星洗衣机、得贝冰柜、青空空调划拨给海尔；1990年代中期，把市电子仪表公司的优良资产交给海信；2002年，把华青橡胶转给双星。这些措施为张瑞敏、周厚健、汪海等优秀企业家搭建了更为广阔的舞台。

政治激励。多年来青岛一直把大企业集团的领导干部作为市管干部的重要组成部分，享有与党政领导干部同样的政治待遇；各级党代会、人代会、政协会的代表和委员中，企业家都占有相当大的比例；优秀企业家还享有优诊保健医疗待遇。

坚持把保护寓于监督之中，从出资人的角度行使有效的监督，保证企业家的健康成长和企业的可持续发展

逐步从传统的行政管理角度向出资人监督角度转变，抓住关键环节。

一方面看住人，每年都由组织、国资和纪检机关组成专门班子对企业领导班子进行全面综合考核，把考核结果作为班子调整的重要依据。

一方面看住钱，从1999年起，面向社会公开选聘财务总监、监事会监事派驻企业，"瞪大眼睛，竖起耳朵，张开嘴巴"，实施全日制监督。

2

千方百计激励企业家干事创业

企业发展的真正动力，说到底就是企业家的动力。企业家是一个独特的生产要素，企业要创新发展，最重要的就是取决于企业家对新产品、新市场、新的生产方式、新组织的开拓以及新的原材料来源的整合与调配。多年的经验教训证明，对企业家的激励到位了，肯定会有一个四两拨千斤的效果，而这方面最关键的，就是一定要从收入分配入手。

在全国率先实现国有企业领导人员年薪制

1998年，青岛开始研究和实施国有企业领导人员薪酬制度改革。当时国内沿海开放城市中，有少数几个也开始了类似研究，但是迅速进行实质性推进的，只有青岛。

当时，正逢中国加入世贸组织的前夕，国内企业大多都很浮躁，三角债问题严重，有机构统计，全国有三分之二的国企零盈利。

青岛市直大企业技术骨干、管理骨干的流失也非常严重，企业领导或跑到外企、私企，或自己下海创业。那时候，青岛市直企业的薪酬大大低于外企、私企。比如，青岛AT&T（后来改为朗讯）等外资企业，其中层经理的薪酬，都达到了海尔、海信同类人员收入的十倍以上。青岛大企业高管也是人心浮动。有一个著名企业家讲，商业谈判时遇到一些国内外大企业同行，他们都嘲笑青岛这些企业家不精明。

根据这些情况，市有关部门反复研究后，正式向市委、市政府提出了相关建议。这个建议的内容包括对马克思主义政治经济学等理论的理解，包括对国家有关政策的研究，包括国内外同类企业的经验，其中最重要的依据是市场竞争的需要。说一千道一万，就是国企人员的薪酬事关企业生存，事关城市发展，已经到了不改不行的地步。

市委、市政府果断决策。从1999年开始，在国有大企业实行基薪加风险收入的年薪制试点。企业领导拿的收入除了基薪以外，主要是根据企业效益高低，经过市政府主管部门测算后发放的风险收入。

原则就是企业效益好的多发，效益少的少发，亏损的不发。这个决策把企业领导人员和企业紧紧捆在一起了。最明显的变化就是，企业家的积极性与创造性得到极大的迸发。企业从上到下精神面貌大为改观，企业经济效益大大增长，广大职工收入也水涨船高，企业兼并重组力度前所未有。

两年多时间，青岛国企经过改革重组后，数量减少了60%，而效益提高了60%。地方国企逐步成为整个城市经济发展的支柱和骨干。

强身健体，机制比体制更重要

从实践情况看，当时国内、省内许多类似企业也遇到了与青岛企业一样的困难，许多地方采取的是外科手术的办法，即把这些企业从国有体制内切出去，令其改制退出。从多年以后情况看，大部分改制企业没有达到预想效果，随着老企业领导人员退休或退出，他们的继任者很少有实现顺利交替的。

而青岛采取的是内科治疗办法，重在解决机制问题。青岛实行的年薪制，不单纯是多发钱，更重要的是把企业整体搞活了。通过年薪制和一些配套的考核，干部能上能下、收入能高能低、职工能进能出都有了实施依据。并且在这个基础上，市委、市政府加大了对企业家的全面综合激励。

政治方面，推荐企业家担任党代会代表和参加人大、政协；事业方面，把优质资源向优秀企业家集中；精神方面，给他们荣誉；物质方面，实施股权激励等。企业搞活了，他们也逐步成为真正的市场主体的一部分。青岛市直大企业就是在这个条件下，通过市场和资本运作，形成了大的集团。

新时期新激励,国有股权增量分享

2003年,各级国资委成立后,央企和地方国企发展都比较快,通过拆分上市、合并重组,2006年时中国企业500强中,国有资本总量占到了98.36%。

与此同时,央企和地方国企职工规模也迅速膨胀,薪资水平也进入快速攀升阶段。"大企业病"日益加剧,机构庞大、人员冗杂、活力锐减、效率低下,干群收入差距悬殊。

2015年1月1日,《中央管理企业负责人薪酬制度改革方案》正式实施。紧接着,2月和6月,国务院国资委又依次下发了两个通知,明确将企业各项业绩指标与企业考核等级以及工资总额挂钩,企业工资总额增幅不得超过效益增幅,效益下降的企业,工资总额必须下调。

根据这个方案,国企负责人的收入由基本年薪、绩效工资、任期激励3个部分组成。基本年薪按月发放,是在岗职工平均工资的2倍。绩效收入要根据考核情况发放,原则上不能超过基本年薪的3倍。任期激励是指3年一个任期,在任期考核的基础上,按照不同系数确定发放标准,但不能超过基本年薪和绩效工资的30%。

2015年，是近几年市国资委工作最难的一年。一方面，对于国务院国资委下发的《中央管理企业负责人薪酬制度改革方案》，要不要跟着走？虽然这个文件是对着央企的，但是习惯做法都是上行下效，不跟着走是有很大风险的。另一方面，青岛大企业走到今天，来之不易。海信电视销售、青岛啤酒销售等，都是靠完全市场化的激励措施。如果完全套用垄断性企业的一些做法，肯定不妥。

在这个时候，市委、市政府领导同志提出三条要求：一是吃透上级精神，二是到上海、深圳了解情况，三是征求大企业意见，然后再拿出意见建议来。

通过对中央和省、市委精神的研究发现，中央一方面要求降薪，另一方面，还特别要求在科技性企业当中实施股权激励。

分析、理解中央精神，我们认为就是不能搞脱离群众、脱离市场、脱离业绩的所谓单纯的高薪，而是要把企业领导人员和科技管理骨干的聪明才智，与企业的发展捆在一起，把短期行为变为长期激励，从根本上激励大家干事创业、创新发展。

思想统一了，一方面，不走样地坚决按照中央精神和省、市委要求办，坚持8倍年薪是铁打的，不能突破。另一方面，下功夫研究科技型企业的股权激励机制。

据了解，上海国资委选择在锦江股份、上汽集团、上海建工等企业实施增量收益分享，提取当年净利润的10%，用于对企业党政领导班子和高级管理人员进行激励。

深圳市国资委则出台了市属企业管理层和核心骨干持股试点办法，在转制科研院所、高新技术和科技服务型企业，以及设计类、创投类企业，率先开展试点，允许管理层核心骨干持股比例提至30%，同步建立股份流转和退出机制，增强企业创新发展动力。

上级精神与外地经验让我们心里有了底。后来，我们又把有关情况，及时与市直大企业的董事长、党委书记进行了交流，他们非常感动。这期间，我们先后明确了三个关键问题。

一是青岛这些大企业属不属于科技型企业的问题。有关部门解释，高校和科研院所教授、研究员办的企业才算科技型企业。但细加分析，市直这些竞争类的大企业，都建有国家实验室、国家技术中心，这不是科技型企业，那什么才是科技型企业？这样，科技型企业的性质与范围问题就解决了。

二是股权激励可不可以不动所有权。有的同志讲，什么是股权激励？就是把股权转给个人才算。但是，再分析，青岛市直企业这些年股改很彻底，国有股海信是30%，青啤是30%，双星是25%。如果在这个情况下，再拿出国有股去激励，从法律上讲，市政府就有很大可能会丧失对这些企业的控制权。我们又进一步研究了过去城市和农村土地改革的经验。土地是国家的，不管城市还是农村，土地所有权都是不能动的。但是，农村改革的核心是所有权没有动，把承包权、经营权拿出来了。城市改革中土地所有权也没有动，把使用权拿出来了。是不是也可以按照这个思路，在所有权不动的前提下，把收益权拿出来进行分配。这样做，市委、市政府对大企业的控制权,一点也没有受到损害。

三是存量不能动,只能拿出一部分增量来进行激励。这是因为存量是前人创造的,不是现在这些人的劳动成果,增量分享只能是多劳多得。多有效益,就有多分享,实际上还是一个金手铐,把企业领导人与企业绑在一起,与企业效益绑在一起,与企业长远发展绑在一起。国家、地方政府、企业、职工都要得利。

限高、对标、分类、导向

当时,我们向市委、市政府汇报的思路与方案是这样的:采用增量分享的激励方式,主要是考虑到市直大企业国有股权比例较低,如果用实际股权进行激励,势必会稀释国有股,不利于保持国有控股地位。增量分享激励不动存量,不涉及股权变动,就是在当年净增加的收益中,拿出一小部分奖励给在岗的企业负责人,相当于在没有实际股权的情况下享受分红。

用这种方式进行激励,前提是有增量收益才有激励收入,如果没有增量收益,只能按薪改后的标准拿年薪,收入不仅达不到原来水平,还有可能下降。

激励的适用范围主要是拥有国家级技术中心、创新研发中心、国家重点实验室,获得国际级质量管理奖和具有国家著名品牌的科技型企业,以及在提质增效、落实"一带一路"走出去战略、青岛市三大中心和城市功能区建设、战略性新兴产业培育等方面取得突出成效的企业。

根据设定适当的约束条件,只有少数资产规模大、业务拓展好、经济效益高的核心大企业负责人,才能拿到相对较高的激励收入。

为控制激励的总体水平,市国资委对标国内同类城市、同行业、同规模企业进行调控。一是规定激励总额不超过当年净利润增量的5%,二是个人激励额不超过激励总额的30%,三是企业负责人年度总收入(年薪加增量分享激励)不超过2014年水平,四是海信和青啤分别对标格力和雪花,青岛港低于上海港、高于宁波港。

市直企业负责人薪酬激励体系的构成,大致形成三类:对于竞争类市场化大企业,按规定的薪酬标准加增量分享进行激励;对于投资类国有投资公司,执行规定的薪酬标准,同时对承担市委、市政府重大任务贡献突出的,参照省里和其他副省级城市做法,给予一定的政府特别奖;对于公益类城市公共服务企业,薪酬标准将严格控制在国家和省市规定范围之内,减亏加薪、增亏降薪,对于减少财政性补贴较大的,可以在规定标准内适当提高有关待遇。

省委、省政府领导同志都对这个改革意见给予了较高的评价,增量分享就是要加大激励,让企业家最大限度地发挥聪明才智。

市委、市政府领导同志在听取汇报时强调,这次实施新的办法,一定要特别注意处理好企业家收入与企业发展、社会贡献和职工利益的关系,把好事办好。薪酬制度改革,一方面要按照市场法则办事,另一方面还要考虑社会的方方面面。该升的升,该降的降,对完全市场化的企业,如海信、青啤等,就是要走市场化薪酬的路子。

领导特别要求，这个意见在实施过程中，要把握好这样几点：

一是限高。企业职工工资没有增长的，负责人薪酬不得增长，企业负责人薪酬增幅不得高于职工工资增幅。

二是对标。市直大企业要与国内同类企业的薪酬水平相比较。比如，青岛港要与上海、广州、宁波等港口比较，地铁、投资公司等都要与全国先进的地方比较。

三是分类。企业类型千差万别，不能一概而论。竞争类企业主要看经济效益，功能类企业主要看政府任务的完成情况，公共服务类企业主要看社会效益。

四是导向。要鼓励企业以世界眼光干事创业，仅在中国领先不行，还要在世界领先。职工收入水平总体不高的企业，薪酬上不得差距太大。要引导企业谋划长远，不应有短期功利思想。

国家和省主管机构对这个意见也给予了肯定。国家主管机构答复，原则上可行，道理上、思路上没问题。青岛这种市场化走在前面的地区，应该充分照顾到地方企业实际情况，目前来看中央企业有垄断政策支持，问题不大，地方企业如果不想点办法，无异于坐以待毙。

省里主管机构领导同志讲，这个政策没问题，奖励的是团队，不是一个人，激励有封顶，没有超 2014 年薪改前的水平。不让企业家收入降低，这是应该的。青岛的企业家队伍，从知名度和对社会贡献来讲，名副其实、物有所值。

同时，在这件事的操作上我们坚持了三点：一是充分咨询了上级部门，作了汇报，二是集体研究后提出，三是可以先做试点，不行先试三年，效果好就继续做。

实施增量分享，对推进青岛市直大企业转方式、调结构、稳增长，起到了很好的作用。与此同时，我们在所有上市公司中实施了中长期股权激励，共 11 家境内外上市公司全部落实；组织竞争性领域的企业董事长到海信学习，请海信的领导现场教学，推广海信股权改革经验。

大盘"L"形下滑,地方"U"形上升

2016年,在全国很多企业效益呈"L"形下滑状态的情况下,青岛市直大企业已经走出了短暂的小幅波动,呈现出"U"形上升发展态势。

据国务院国资委统计,在全国37个省级国资监管机构中,包括31个省、自治区、直辖市,5个计划单列市和新疆生产建设兵团,青岛市直大企业利润总额排第3位,资产总额排第9位,营业收入排第14位。在全国15个副省级城市中,利润排第2位,资产总额排第2位,营业收入排第3位。在全省国资企业中,资产总额占全省的30%,营业收入占50%,实现利润占60%。

这一年,青岛市国资效益排序在全国达到了历史最高水平。其中,实现利润仅次于上海、北京,超过了其他所有的省、区、市。开始,我们对这个结果不太相信,深入分析后发现,这一年也存在一些偶然因素。其中,海尔集团当年出让了长江证券,获得50多亿利润,一下子把青岛企业指标,特别是利润指标拉上去了。刨去这个因素,青岛国资效益正常应该在全国第六七位上。

2017年,据国务院国资委统计,在全国37个省级国资监管机构中,青岛大企业利润总额排在第6位,资产总额排在第10位,营业收入排在第14位。在全国15个副省级城市中,利润、资产、营业收入全部都排在第3位。

这一年,青岛大企业利润总额在全国下滑3位。我们在得到消息后,迅速进行了深入分析。这其中超过青岛的,有安徽和深圳等三家。安徽省因为环保原因,小水泥厂关停,省属企业海螺水泥利润一下子增加了200多亿。再就是,深圳地铁当年收购万科,深圳利润也增加了几百亿。

2018年,青岛大企业利润总额在全国列第7位,资产总额列第10位,营业收入列第14位。在全国15个副省级城市中,利润、资产总额、营业收入仍然都排在第3位。

对2018年青岛效益下滑一位的情况,我们也做了专门分

青岛啤酒博物馆

析。外部原因,主要是因为贵州赶了上来,茅台酒价格大涨,上市公司市值大涨,因而带动贵州利润大涨并超过青岛。内部原因,青岛外向型业务比重比内地大,受中美贸易摩擦的影响也比内地大。但是,也必须看到,这几年青岛没有产生新的增长点,也是一个非常重要的原因。

令人欣慰的是,这几年,新的"3+1",也就是双星、海湾、澳柯玛和胶东国际机场搬迁以后,也逐步开始发力了。过去,青岛经济主要依靠老的"3+1",即海尔、海信、青啤和青岛港,这些企业比较稳定,现在仍然处在上升过程中。

2018年,双星并购韩国锦湖成功,轮胎生产规模从全国第6位一跃名列全国前茅,并且锦湖被收购以后也开始减亏。

海湾搬迁成功,主要产品产销两旺,2017年销售收入实现50亿,2018年达到100亿,2020年将突破200亿。

海湾集团检查验收目前世界上最先进的化工设备

澳柯玛开始建设芯片生产基地，企业转方式、调结构、稳增长，3年内营业额也将突破200亿。

胶东国际机场2020年将正式启用，铁路、公路、轨道交通互联互通，国际一流的现代化机场将为青岛对外开放与经济发展带来巨大的机遇。

胶东国际机场效果图

3

竭尽全力为企业排忧解难

过去,市委组织部分管这项工作的老领导经常讲,企业是为社会创造财富的,机关对企业的支持,也是在为社会创造财富,很有意义。改革开放40年来,青岛市委、市政府机关一直有服务企业的好传统。许多部门始终把服务企业作为一项职能内常态化的工作,紧紧抓在手上,一时也不放松。并且根据不同时期、不同情况,采取了针对性很强的措施。

2004年，面对许多央企大项目的引进，开通大企业直通车，简化程序，提高效率

全国国有企业领导班子思想政治建设会议在青岛召开以后，央企的大项目意向一个一个找上门来了。但是，在迅速落地方面却遇到了很多麻烦。

市委、市政府当机立断，以市政府名义专门下发了《关于为大企业提供直通车服务的通知》，提高工作效率，确保一个窗口对外，要求做到人员到位、授权到位、设备到位、服务到位，进一步提高服务质量和水平。

由市经信委牵头，有关区市和市发改、人社、土地、规划等部门参与，简化程序，加快速度，提高效率，使大炼油、大造船等项目都比较顺利地落地。市委组织部在年底、年初，还组织市有关部门到一些央企总部走访，征求意见，以表达感激之情。一些央企深受感动，还专门给市委、市政府和有关部门发来感谢信。

2009 年，面对国际金融危机，通过选派企业联络员，走进企业，上门服务

当时正逢全国上下开展科学发展观教育。青岛外向型企业比较多，受国际金融危机冲击很大，效益下滑，很多问题依靠企业自身根本解决不了。

市委组织部结合科学发展观教育，专门请示市委、市政府主要领导，从有关部门抽调 30 名副局级以上干部，到企业上门服务。先到一些重点企业摸底了解情况，根据企业要求列出清单，然后对号入座，涉及哪个部门业务，就选派那个部门分管领导作为这个企业的联络员协调处理。市委组织部、经信委、国资委随后跟踪督查，年底开会通报，该批评的批评，该表扬的表扬。由过去坐在机关等服务，变为走进企业主动服务，很受企业欢迎。

中央科学发展观调研组来青到一些企业调研，所到之处都听到了企业的赞美声，也感受到了企业的变化。随后，中组部、中宣部组织全国 16 家新闻媒体，集中来青采访报道，中央电视台《新闻联播》栏目和《人民日报》等媒体，都专门做了青岛选派企业联络员上门为企业服务的深度报道。

2018年，面对中美贸易摩擦，组织服务企业工作队派驻区市，"靠上去"解决问题

市委组织部选派90名精兵强将，组成15支服务企业工作队，先期重点服务82家企业。其中，中小型民营企业56家，外资、外贸企业16家，外地驻青国有企业10家。从驻青高校、科研院所选派22名专家，为服务企业工作队提供智力支持和专业咨询。

他们到企业去宣传政策，调查研究，发现问题，解决困难，以点带面，典型示范，助力企业发展。驻即墨等区市的工作队，面对错综复杂的情况，想企业所想，急企业所急，下功夫多方协调，妥善处理了一些民营企业遇到的复杂问题，使几个大民企迈过了一个大坎。

2013年至2019年，面对企业转型升级，专门把为市直大企业排忧解难列为国资管理主要工作任务

在近6年的时间里，市国资委每周都专门把为市直大企业排忧解难列入委内主要任务。这期间，改革进入深水区，青岛市直大企业与国资委面临的情况，与以往都有很大不同。

一方面，企业经过多年改革，容易处理的问题都已经办了，剩下来的都是一些难啃的硬骨头。老的品牌如何焕发青春？新的增长点上哪里去找？许多情况下，企业都是很茫然的。另一方面，国资委经过简政放权，审批权下放了三分之二，处室业务审批工作量大大减少，国资委工作向何处去？是继续单纯抱着审批权不放，还是把工作重点从审批转到服务上来？

国资委上下统一认识，不能后退，还是要往前走。为企业服务，只要功夫到位，办一个成一个，很有成就感。每周领导班子碰头会，党委成员都把分管处室排查的一些企业自身很难解决的问题列出来，一个问题一个问题地分析。

党委成员实行分工负责与项目管理相结合的办法。分工

负责,就是传统的一个领导分管几个处室;项目管理,就是一项工作从头到尾都由一个领导牵头处理,涉及的处室派人参加。计划、组织、指挥、协调、控制,都由分管领导全权负责,滥竽充数的藏不住了,业务流程障碍少了,工作效率大大提高。

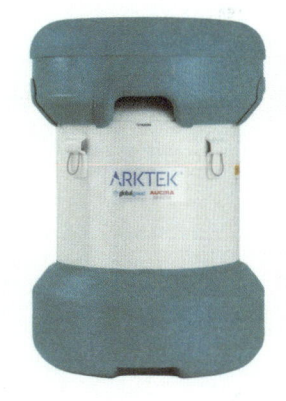

澳柯玛公司生产的被动式疫苗储存箱,解决了非洲无电地区疫苗储存和运输问题

这期间,海信深入混改的落地,青啤营销激励政策的突破,双星并购韩国锦湖轮胎的成功,澳柯玛母体公司的变换,青岛农商银行隶属关系的回归,青岛银行高层的成功引进并成

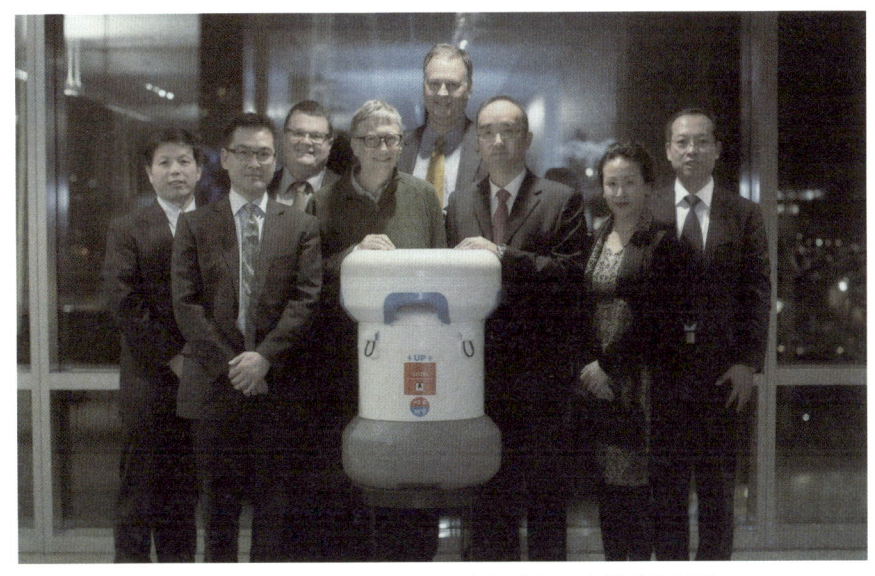

2013年,比尔·盖茨支持澳柯玛的ARKTEK产品进入联合国采购目录

为山东金融第一股,青岛出版集团与青岛碱业换壳上市成为山东文化第一股,造船厂破产重整,青钢的搬迁与划转,等等,都渗透了市国资委的心血,市委、市政府与大企业和职工都给予比较满意的评价。

支持海信电子控股深入混改

海信电子控股与海信电器是海信集团的两大产业支柱。21世纪以来,海信在埠外境外的发展与并购多为电子控股旗下所为,技术密集并且竞争激烈。由于缺人才、缺资金,更缺机制,加上埠外境外,天高皇帝远,传统管理很难到位,有好几个大项目半途而废。

为此,海信集团多次报告国资委要求深入混改,从47.9%的国有股当中拿出一部分,一方面通过引进民营企业,吸引资金;一方面通过加大对核心员工的股权激励,从而形成一个与国际接轨的新机制。开始,国资委与企业在国有股控制权上认识不一致。机关有的同志讲,从100%到60%,又到了47.9%,再减下去就成了私营企业了。双方

海信董事长周厚健

日本海信大楼

针尖对麦芒,互不相让,一度关系比较紧张。

2013年下半年,市国资委下发《推动市直大企业发展改革60条意见(试行)》以后,海信集团又正式提出混改的请示。这个时候,国资委反反复复研究了很多次,逐步在一些关键问题上统一了认识。

一是关于国有控制权的问题。过去都认为国有股占100%、67%和51%,这些绝对控股比例越高越好。现在看来,用尽可能少的股本控制尽可能多的资源,这是经营能力的体现。实际上,对于大股东来讲,只要控制权不变,绝对控股和相对控股没有本质上的差异。不同的就是,相对控股在决策程序上比绝对控股要复杂一些。

二是关于国有资产代表的问题。过去,有些同志片面认为,只有国资委才是国有资产出资人代表,而企业领导班子只是单纯负责经营。后来大家统一了认识,企业领导班子是市委、市政府任命的,国有资产保值增值的任务首要的是由他们去扛。国资委与大企业是一家人,企业领导班子在前台代表的是国家利益,国资委在后台代表的也是国家利益,只不过是在职责分工上有一些差异,要互相信任。

三是关于企业发展活力和动力的问题。加入世贸组织以后,各级政府对竞争性国企的投资都比较慎重,可以说很少,而民企资金的进入就可以解决资金不足这个难题。并且,民企对市场一般比较敏感,参与企业董事会决策,更有利于企业对复杂市场做出正确判断。民企进入,还可以加强对企业经营管理指标的考核,解决大锅饭和铁饭碗的问题。与民企进入相辅相成的,还有对管理和技术骨干的股权激励,把企业发展与核心员工的待遇捆在一起。

市委、市政府对海信的改革非常重视。争分夺秒,一天也不等。2013年12月30日,市政府赶在年底前,正式批复了市国资委《关于海信电子控股公司股权转让及股权激励有关情况的报告》;12月31日,海信集团公开挂牌转让其所持电子控股15%的国有股权。随后,国资委以国资产权[2014]1号文件的形式,下发《关于做好青岛海信电子控股股份有限公

海信在欧洲并购斯洛文尼亚戈兰尼亚家电公司

司股权转让及股权激励有关工作的通知》。

这次股权转让及股权激励完成后,海信一次性引入民营资本近10亿元,有40名自然人股东购买了新增股本。同时,海信集团承诺,此次股权变更后,集团所持电子控股股份仍然保持在30%以上,国有股东一直为第一大股东,保证了海信电子控股公司国有控股性质,并且坚持骨干员工退休退职退股的条款,以循环激励在职骨干员工,保持企业持续发展活力。

深入混改为海信的发展插上了翅膀。国际市场上,海信目前在全球拥有13个生产基地、12个研发中心;收购日本东芝TVS公司95%的股权,获得东芝电视全球品牌使用权;在欧洲收购了知名家电企业斯洛文尼亚戈兰尼亚家电公司,建立了欧洲研发、生产、销售基地。国内研发上,城市智能交通管理系统,已经应用于全国100多个城市;精准医疗外科智能显示系统,在国际、国内处于领先地位。在中美贸易摩擦冲击巨大的情况下,企业因为拥有自主技术,降低了被"卡脖子"的风险,从而保持了整个集团持续稳定的发展。

助力双星完成并购韩国锦湖轮胎

2013年以来,双星采取环保搬迁等一系列措施,淘汰了90%以上的落后产能,建立了全球轮胎行业第一个全流程"工业4.0"智能化工厂,行业内竞争优势和品牌价值逐步上升。技术水平上去了,但是规模却上不去,数年来全国排名一直在5名以后,止步不前。

2016年,轮胎行业出现了一个机遇,也是有可能使双星

世界领先、美如花园的双星轮胎"工业4.0"智能化工厂

双星全球技术与需求创新中心

实现飞跃的机遇。由于美国对中国轮胎"双反",加上美韩启动商讨在驻韩美军基地部署萨德反导系统,造成中韩关系紧张,导致韩系汽车在中国销量大幅下滑。受其影响,韩国锦湖轮胎在华工厂亏损严重,并导致锦湖轮胎总社效益下滑。加上其他因素,以韩国产业银行(KDB)为主的锦湖轮胎债权团,决定将所持锦湖轮胎的控股权对外转让。

锦湖轮胎曾名列全球轮胎前10名,年销售收入近200亿人民币。当时,中外轮胎知名厂商纷纷参与竞标。由于韩方对双星管理团队、"4.0工厂"及企业运营模式的认可,双星以非价格因素中标。之后,对锦湖轮胎和双星双方更有利的定增控股协议达成,双星和市国资委都非常兴奋。双星提出,拟提请市政府增加国有资本金完成收购。

当时,从市国资委角度考虑,这个情况比较复杂。一是国家层面,中韩两国因为萨德问题关系比较紧张,国家对并购持什么态度。二是政府层面,向竞争性领域的财政投入多年来一直控制很严,由财政出资增加国有资本金可能性大不大。三是企业层面,锦湖轮胎年销售收入接近人民币200亿元,而双星当时年销售收入还不到50亿元。双星并购锦湖轮胎以小吃大、蛇吞象,能不能化解锦湖轮胎的经营风险。四是韩国社会对双星并购锦湖轮胎的态度,特别是工会层面,韩国锦湖轮胎工会已经多次针对中国并购进行示威和交涉,并且威胁要提交到韩国政府,这些问题能不能尽快解决和平息。

市国资委和双星商量,决定走一步、看一步。第一步,先解决国家层面问题。通过市国资委向国务院国资委报批,程序非常复杂,要进行尽职调查、可行性分析等,企业搞了一遍,国资委还要从头到尾全部再过一遍,程序完整了,机会也就逝去了。而社会上一般其他所有制企业出现类似情况,都是走国家发改委和商务部程序,比较简单,也比较宽松,

双星打造的全球轮胎行业首个全流程"工业4.0"智能化工厂成型车间

双星智能检测机器人

时间上能保证。后来,国家发改委和商务部分别出具了《项目备案通知书》和《企业境外投资证书》,大家一下子放心了。

第二步,解决政府层面问题。市国资委与市政府有关职能部门反复进行沟通。按现行政策规定,由政府财政出资增加国有资本金,用于外资企业收购,基本不可行。比较好的办法是,必须换一个思路,就是把政府行为变为市场行为。由双星作为主发起人,联合青岛其他国企组建并购资金,其他国企由国资委协调。融资规模为45亿元,其中双星13亿元、国信12亿元、青岛港10亿元、城投10亿元。国资委入情入理、苦口婆心的协调,终于使四家企业达成协议。

第三步,解决企业层面问题。市国资委的想法是,往好处努力,往坏处打算。如果韩国锦湖轮胎发生不可控的极端情况,作为底线,可通过保全锦湖轮胎中国境内资产,特别是锦湖轮胎在天津、长春、南京等3个大城市的工厂、研发中心、占有的市内土地资源等,抵顶企业的投入,这样就可以防范投资风险。为稳妥起见,又通过中信保办理了海外投资股权保险，规避了海外投资的汇兑限制、征收、战争及政治暴乱风险。

第四步，解决工会层面的问题。处理国有企业职工信访问题都很复杂，而处理涉及韩国工会的一些利益问题将更加复杂，难度更大，更难把控。而这方面最有效的办法，还是依法办事，中国是这样，韩国更应该是这样。首先，双星与韩国产业银行共同召开媒体见面会，从舆论上进行引导。其次，双星与锦湖轮胎工会进行了艰苦的谈判。最后，韩国总统、副总理、多位部长和光州市市长等各方政要都表态支持。最终，锦湖轮胎与工会达成了协议，并且正式签订了同意引进双星作为大股东的有关法律文件。这样，丑话说在前头，为以后可能发生的劳资纠纷在法律上提前进行了防范。

双星并购锦湖轮胎的过程反反复复，从中标到定增、到正式交割，历经两年多时间。由于中方与韩方的艰苦努力，

2018年7月6日，双星与韩国锦湖轮胎股权交割仪式

交易价格由原来的人民币58亿元，调整为39亿元，收购成本降低约19亿元，股权反而增加了3个百分点。双星为第一大股东，控股45%；韩国产业银行为代表的债权团持股23%，为第二大股东，这对并购后企业稳定和经营非常有利。

同时，双星通过控股在韩国上市的锦湖轮胎公司，搭建起海外资本运作平台，并达到了一加一大于二的效果。控股后，双星年营业收入预计将超过300亿元，位列中国轮胎行业前茅，进入全球前十强，为青岛打造千亿级橡胶产业链提供了有力支撑。

推动青岛银行、青岛农商银行关键问题的解决

青岛银行、青岛农商银行分别是由青岛城市信用社、青岛农村信用社改制而成。改制之前，两家企业管理混乱，经营风险很大。青岛银行、青岛农商银行先后组建以后，管理逐步规范，并且呈现出你追我赶、比翼齐飞的互动格局。

与青岛银监局、人民银行等监管机构负责同志交流时，他们多次讲，这两个地方银行很有意思。2014年，青岛银行业集体沦陷"德正系"骗贷案，在青岛设有机构的18家中资银行集体卷入其中，涉案金额超过200亿，损失巨大。但是青岛银行、青岛农商银行两家都没有参与其中。

这些年来，青岛银行在全省城商行当中，经营效益连续多年名列第一。青岛农商银行在全省农村商业银行当中，主要经营指标也是名列第一。他们的领导人经营意识都比较超前，能抓住机遇。2018年，两家银行在国内主板上市，在全国副省级城市和所有地级市当中也是首例。

这期间，令人难以忘怀的有两件事。青岛银行一件事，就是通过市场机制，引进了主要经营管理者；青岛农商银行一件事，就是通过法律手段，实现了隶属关系回归青岛。

青岛银行成功上市

通过市场机制引进主要经营管理者,对青岛银行的发展影响深远。2001年,海尔集团入股青岛银行,当时青岛银行在青岛当地市场占有率为7%。到2009年,8年过去了,青岛银行在青岛当地市场占有率降为5%。全省城商行当年排名中济南第一,500多亿资产,青岛第二名,只有300亿。当时市委、市政府和大股东海尔集团计划,远大目标是让青岛银行走向全国,成为全国性银行,最低目标要与青岛经济总量在全国、全省份额相匹配。

火车跑得快,全靠车头带。要建设全国性的银行,必须要有具备全国视野的人才。当时,市里在青岛银行内部考察了很长时间,没有找到合适人选;在青岛市相关市直企业和党政机关寻找,也没有找到合适人选;找一些猎头公司推荐,也未能如愿。

我们登门请教市银监局、市人民银行、青岛银行主要股东、内部监事会和政府有关部门，请专业人士推荐专业人选。戏剧性的是，这五六家提出的第一人选竟然是同一个人。郭少泉当时是招商银行天津分行行长，30岁出头就担任了青岛建设银行副行长，后来又主持组建了青岛招商银行，任行长多年，在全国招行系统和青岛当地银行界都是出类拔萃的。

我们专门到深圳招行总行进行协调。开始时碰了壁，招行总行出面的领导寒暄了几句，就不见了。人力资源部一个副总出面谈了很长时间，也没有达成任何共识。后来，通过深圳市委组织部和银监会系统，我们又做了多方面工作，对方还是不放人。但是，在这个过程中又发现了一个情况：招行总部和信用卡部相当多的高管是从宝岛台湾过来的，还有一些香港特区人和新加坡人，人才的国际化水准在国内股份制银行里是最高的。这也更加坚定了我们从招行引进人才的决心。

我们将有关情况向市领导做了专门汇报，并且征求了第一大股东海尔集团的意见，市委、市政府和海尔集团都给予大力支持。市委书记、市长亲自出面，专门邀请招行总行行长来青，并且承诺在各方面特别是招行项目落地青岛时，给予有关政策的倾斜等。

功夫不负有心人，历经几个月的努力，终于有了结果。郭少泉任青岛银行党委书记、董事长以后，全行上下又引进了包括行长、董秘在内的一大批国内外大银行的高管、上千名世界著名高校优秀毕业生等，为青岛银行的发展提供了强大动力，银行资产10年增长10倍。

2013年6月28日，青岛市政府召开青岛农商银行服务地方经济专题恳谈会

促进青岛农商银行隶属关系回归青岛，为企业发展创造了优良环境。过去，青岛农村信用社一直都是由省农联社统一管理。2011年，省政府上报国务院，批准青岛9家农村金融机构组建青岛农村商业银行。当时，信用社虽然资产达到700多亿，但是不良率接近6%，风险很大。

根据国务院有关规定，地方金融机构如果出现系统性风险，最终要由地方政府承担托底责任。在筹建过程中，青岛市政府拿出8亿元扶持资金消化不良资产。同时，两家市政府控股企业和两家区属国有企业共同出资，占到了银行总股本的28%，成为牵头第一大股东。

这种情况下，省农村信用联社与筹备中的青岛农村商业银行已经没有了产权关系。但是，省农联社仍然坚持按照农村信用社管理办法组建银行领导班子，提出可以吸收主要股东的代表进入董事会、监事会。并且强调下级服从上级，青岛农信社改制为青岛农商银行,仍然在省农联社的管理范围内。

市里考虑,既然已经成为牵头的第一大股东,就应该行使管理权和用人权。如果继续实行农村信用社传统管理体制,企业法人治理肯定就虚化了,银行经营风险也只会增加、不会减少,投资者利益得不到保障。

整整6个月的磨合期,双方一直处在反反复复争议当中,互不相让。后来,市领导亲自带队到省联社当面汇报,也没有达成一致意见。回青路上,领导又专门安排我们再仔细考虑一个各方面都能接受的方案。

通过系统分析则能发现,省农联社的意见是从传统的农信系统上下级关系出发而来,青岛的意见主要是从大股东角度考虑而来。省农联社担心农商银行改一个走一个,感情上很难接受,这是正常的。并且改制后,按照行业管理职能,省农联社还要履行职责,他们有他们的难处。

所以,农商行的管理一方面要按照现代企业制度,体现大

2017年3月9日,青岛农商银行迁入现址——青岛市崂山区秦岭路6号农商财富大厦

股东的意志，另一方面也要尊重历史、尊重行业管理的权威。特别是，面临银行负责人的提名，单一由地方党委、政府提名，或单一由省农联社提名，都是不可取的。应该既考虑现代企业制度的要求，同时还要兼顾省联社的管理体制和原有青岛联社管理人员的意愿，双方都各让一步。后来，市里把这个想法报告了省政府有关部门，结果不谋而合。

2012年5月，省有关部门向省政府主要领导报告青岛农商银行筹备情况时，专门把青岛提出的"经大股东提名，青岛市委常委会研究，股东大会通过，原青岛农联社领导班子出任青岛农商银行领导职务"的有关情况，作为重要内容列上，当时的省政府主要领导同志就圈阅同意了。

这里面虽然没有涉及农商银行党组织隶属关系、行政隶属关系问题，但是因为领导干部提名权这个核心问题的解决，为其他问题的处理打开了通道。其后，又经过很长时间的磨合，其他问题也逐步得到了解决。

独立的市场法人主体，为青岛农商银行经营业务发展卸掉了包袱。国内主板上市，持股员工占到了员工总数的52%。不到7年时间，总资产由700亿元增加到2700亿元，净增2000亿元。对地方财政的贡献连续7年在青岛所有银行中位列第一，在青岛所有大企业中始终排在前10位之内。

全力推进青岛特钢与中信泰富特钢重组合作

青钢几十年来一直是青岛市的重点企业,职工多,贡献大。2008年国际金融危机以后,青钢开始走下坡路。

2012年12月31日,国家发改委批复青钢环保搬迁。青岛特钢董家口新厂区建设历时3年,投入资金超过120亿,其中举债投入近100亿。新企业投产后,面临全国钢铁市场产能严重过剩的变局,由于青钢产品档次不高、竞争力弱,财务费用每年比同行业、同规模企业平均数高出6个多亿。据普华永道和监事会提供的情况,青钢有的年份亏损接近10个亿,企业经营难以为继。

那几年,市里一直想通过重组解决问题。先后与十几家大钢铁企业接洽,包括央企、外企、民企,结果大多数都不感兴趣,只有一个民企大集团比较积极。开始时国资委和企业也比较高兴,还专门派人到这个大集团并购的江西一个老国企了解情况。当时,这个改制的钢厂生产经营比较正常,经营管理层个人都持有股份,工作比较积极。这个大民企集团也表示,改制后也要给青钢管理层派发股份。

进入到并购的实质阶段后,涉及怎么算账,有人开始担心了。按照通行算法，青钢新厂净资产很少，绝大多数都是负债，而老厂的设备许多都废了，基本上不值钱，土地都是工业用地，出让一亩含税才13万，再加上职工的安置费用，新厂加老厂一起卖给这个大集团，还要倒贴钱。

事情有了转机。青钢老厂毗邻流亭机场。市里决定在胶州市建设新机场，就是2020年青岛机场要转场。转场以后，青钢区域净空限制就放开了，并且还要进行城市化改造，工业地肯定要变为商住地，容积率还会大幅提高。这意味着青钢老厂区2565亩土地未来商用价值初算估值就在130亿以上，因为这是全国所有直辖市和副省级城市老城区里边最大的一块未开发土地，越来越值钱，只要把地保住，所有费用就全都解决了。

这个时候，领导和企业催得都很急，作为职能部门压力很大。往前推，风险很大；不推，风险更大。把有关情况向市里汇报后，我们也确定了工作思路，就是"时间换空间，

青岛特钢新厂区的道路

青岛特钢新厂区新焦化设施

程序保平安"。通过依法依规依程序，审计、评估、挂牌，往前走。这个过程大约需要9个月，然后在这期间寻找更好的办法。非常巧合的是，在启动程序后三四个月的时候，这个大集团出现了一个比较大的风险。在这种情况下，青钢与他们的合作也草草收场了。

青钢重整一天没有结果，职能部门一天也不能安心。利用每半年一次的全国国资工作会的机会，我们专门去请教宝钢董事长，由于他太忙了，我们就在会场上堵住请教。后来，他给我们介绍的武钢董事长，开始时也不表态，被找得没办法，只好派武钢总经理与我们做了深入交流。时任武钢总经理很认真、很专业、很负责地指了路子，特别强调，中信泰富特钢，企业规模不大，效益很好，可往这个方向去努力。

国资委把这个情况专门向市委、市政府写了报告。按照市里的意见，在全国有关交易所公开发布信息征集合作方，山东钢铁集团、岚桥集团、西王集团、山东焦化集团表达了参与重组的意愿。中信泰富特钢碍于青岛三番五次来做工作，也表达了合作意向，但是并不积极。

市政府分管领导会同国资委、青钢几十次全力靠上中信做工作。关键时刻，市委书记、市长亲自出面找到中信集团和中信泰富主要领导做工作，终于获得比较理想的结果。

中信泰富特钢是全球最大的特钢生产企业，吸收消化了日本等世界先进技术，在我国香港上市。其高标准轴承钢、高级齿轮钢等多种产品，产销都是世界第一。小的产品，有奔驰、宝马、大众等著名汽车生产厂家轮胎使用的钢帘线等。大的产品，有杭州G20主体场馆、美国新世贸大厦等使用的结构钢。

中信集团、中信泰富和中信泰富特钢，对并购、重组业

2017年高线吐丝机

青岛特钢的两座1800立方米高炉

务非常专业。他们调集40多名专业人员进驻青钢,短短一个月时间,进行了产品、技术、市场、财务、金融、法律等全方位的尽职调查,提出200多个问题、30多个政策需求。青岛方面也在分管市长带领下,成立专门班子对接。这期间,令人印象特别深刻的有这样几件事:

一是关于合作范围的确定。青岛方面提出,由于老厂不确定因素很多,债权债务多、历史问题很多等,并且职工安置比较麻烦,建议老厂留下,与新厂合作。中信没有犹豫就同意了。在这一点上可以看出,中信非常大气,他们想的是如何建设一个标准很高的大企业,而不是趁机搞房地产,多得一些其他利益。

二是关于合作方式的确定。开始时与中信特钢按照市场规范谈判,因为价格争议,谈判差一点搁浅。后来领导层亲自沟通,在交流探讨过程中又产生了新的想法。当场提出,把纯市场行为改为国企对国企划转行不行?他们讲不行,因为中信泰富是在香港上市,不能划转。后来讨论,中信集团是100%国有企业,是否可以先划转中信集团,然后再由中信集团通过市场规范进行操作?双方觉得这个方法比较好,就定了下来。

三是关于资产价值的确定。考虑到青钢资产量大、情况复杂,普华永道在审计时非常慎重,下大气力对现行多种评估方法,包括成本法、评估法、收益法等,进行了反复斟酌。通过独立判断,采用收益法出具了审计报告,主要考虑划转后少计提折旧,有利于企业轻装上阵和后续发展。市法制部门的意见是,审计评估的三种方法是由财政部相关法规确定的,采用哪种方法,属于中介机构的职业判断,由他们承担永久性法律责任,尊重普华永道的独立意见和审计结果。

四是关于老厂债务处理方式的确定。在财政部门的支持下,我们协调城投集团设立了青钢搬迁基金,用于处理老企业积累的大量债务和职工安置等历史遗留问题。未来2565亩

连铸回转台

土地的收益,首先用于支付搬迁基金本息以及历史遗留问题的解决,剩余部分全部归属城投集团。

这是一个令双方皆大欢喜的办法。青钢债务解决了,财政负担解决了,政府和国资委的压力解决了,城投集团未来几年内也将获得企业成立以来最大的一笔收益。

现在看,原来涉及青钢最担心的四大问题全部得到圆满解决。包括:

新厂顺利投产。新厂建设过程中面临的最大问题就是缺乏资金。因为青钢经营困难,各大银行都不愿意为其贷款。市有关部门与企业一起,跑遍了青岛所有银行,也拜访了北京、上海、深圳各大银行总部。市政府分管领导亲自出面协调,最后由招商银行牵头,办理了98亿元的银团贷款,解决了新厂建设资金问题,保证了建设进度。

老厂安全关闭。因为环保要求的期限比较严格,企业确定了一个期限,准备全厂停产。当时,担心人心浮动,安全

于2015年年底关停的老厂区

容易出问题，与企业反复商量，最后确定由厂级领导亲自带班，一条线、一条线逐步关停。并且停一个，整理一个，一个一个收口，所以自始至终没有出现任何安全问题。

职工顺利分流。青钢有上万名职工，一次性分流存在较大风险。与企业商定的原则，就是以职工为本。有关补偿问题，能高尽高，能上尽上，能早尽早，全部按最好处办。国资委分管领导、监事会主席和有关处室，连续几个月全天靠上。并与厂级领导干部一起，亲自到职代会做工作。各车间党支部号召党员发挥骨干带头作用，党员骨干分工包人。

这期间，部分职工提出职业病问题，这是很不容易认定的难题。我们积极协调市有关部门，专门组织到企业去了解情况。后来市有关部门加班加点半个多月，为1000多名职工办理了有关补助。将心比心，职工也非常体谅市里和企业，支持搬迁、支持改革，没有发生大的波动。

合作稳步推进。中信泰富特钢重组青钢两年，投入资金160亿元，包括置换了过去全部的高息贷款、增加了流动资金、填平补齐了因设备升级改造造成的洼地。从2018年开始，新厂每个月实现利润都在1亿元以上，2020年预计实现利润将达20亿以上，利税总额将达40亿以上。原来青岛国企中最大的一个风险元素，变成了一个最大的成果。未来几年老厂土地收益，减去所有成本，包括利息等，有关企业还将获得超过百亿的净利润。

4

坚持以改革促进企业发展

从多年的实践中体会到,国资改革与国企改革是紧紧联系在一起的。这里面的改革,是围着国资监管改,还是围着企业发展改,结果可能是不一样的,甚至可能是完全相反的。

改革先从国资委自身做起

2013年6月18日,市委决定我兼任国资委党委书记,主持国资委全面工作。上班的第一天就遇到一些企业职工来上访,堵在门口,情绪很激烈,怎么劝也不走。我们打电话,让有关企业领导安排把职工群众领回去。结果,这些企业领导当场就在电话里反驳,提出了很多政策范围内的尖锐问题,并讲这些问题要处理,都要报国资委,要解决职工群众反映的问题,归根结底还是要国资委审批。

没有办法,我只好把国资委党委成员召集起来研究分析。从国资委角度看,从2003年成立到2013年的10年间,机关最多时180多人,经常加班加点,统计了一下,光制定下发的文件就有700多个。这些文件都是按照管人、管事、管资产这个要求来的,无所不包。机关同事开玩笑说:上管天、下管地、中间管空气,既当老板,又当婆婆。

再从企业角度看,青岛市直大企业许多都是市场竞争性的,而央企多数都是垄断性的。上级坚持对央企管人、管事、管资产是完全正确的,这是由这些企业的性质决定的。而青岛的企业,面临的市场竞争这么惨烈,你不束缚都不一定能干好，束缚得这么紧，企业没法干。

俗话讲，屁股指挥脑袋。这是一个非常现实的情况，就是在机关工作时间长了，有很多思维定式，路线、方式、程序、模式都固化了。许多时候想法很理想，做得也很出力，但是怎么样才能真正落实在经济发展上，效果往往很难把握。

党政机关与企业处事方式有很大的不同，机关主要是讲究秩序和公平，而企业主要是讲究市场和效益。在党政机关，一般要求办十件事，一件也不能错。而企业经营十件事，有六件事能成，也就是讲成功大于失败就很好了。只要有效益，就是一个好企业。

委党委在争论中统一了认识：对上级主管部门的一些精神，一定要领会其精神实质，学深吃透，不能简单地上下一般粗，不管三七二十一生搬硬套，把对垄断性企业的监管办法套到竞争性企业上来。必须坚持改革，不能停滞。改革要先从国资委自身改起，用国资改革带动国企改革。

市委、市政府领导同志对此非常支持。市委书记、市长与我和国资委主任谈话时，专门强调：国资委是干什么的？就是要围着企业发展转。企业发展了，城市就发展了；企业不好，国资委首当其冲不好。国资委必须转变监管方式，按市场规律办事，不要影响企业在市场运行中的决策权。要求搞好国资委机关队伍建设，努力提高服务质量和监管水平。领导专门讲，国资委的工作好不好，都是大企业说了算。

2013年6月至8月，我们用了两个月时间，集中国资委机关全部精力，对委机关所有职能进行了全面梳理。这期间又出现了许多波折。处室同志有的提出,放权的依据是什么?审批权放了,机关干什么?当时还发生了一件事。有的同志反映,有一个知名大企业送来一个报告,先后到了三个处都不收,最后企业的同志把报告扔到办公室就走了。我听后,出了一身冷汗。马上意识到,主要是有关处室对这些问题的处理方式拿不准,所以互相推诿。

当天,一方面,我们召开了领导班子会,对此类问题的处理,定了三条原则。一是建立首问负责制和分管领导督办制,当天能办的必须当天办。二是召开专题会议,分管领导亲自负责,出具答复意见。三是由国资委主任亲自向企业打电话,检讨问题,保证今后不犯类似错误。

另一方面,加快改革进度。开会时我们也明确讲了,放权主要是指涉及经营投资方面的审批权,对产权、监督和领导人薪酬等不做大的调整。同时还专门讲,企业是市场主体,很多情况机关的同志根本不懂。企业是挣钱的,我们是花钱的,花钱的人教给挣钱的人怎么去挣钱,这是非常可笑的。有一个企业还反映,即使是内部的重组调整,国资委也要求进行评估,这个企业为此拿出了2000多万办一些手续,甚至是联合建一个食堂、澡堂,也要进行评估、要报批。这些存在的问题必须尽快解决,市场竞争这么激烈,企业等不起。

推动国企发展改革的"黄金 60 条"

青岛市政府国资委《推动市直大企业发展改革 60 条意见》，就是在这些争议中出台的。为了留有余地，当时还在标题上加了"试行"两个字。这个文件内容很具体，也很简练，每一条只有三四行字，一看就明白，都是企业急需的。

文件签发后，委里又安排处室同志一个一个企业、挨家挨户送上门去。企业家们非常高兴，给出一片赞扬声，说这个是"黄金 60 条"。国资委与大企业的关系一下子拉近了。

市委、市政府领导同志了解到企业的良好反映后，对国资委这项举措高度赞许。非常幸运的是，这个意见试行半年后，党的十八届三中全会通过了《全面深化改革若干重大问题的决定》，对各级党政机关简政放权提出了明确要求。我们的心更踏实了。

"60 条"的指导思想，就是紧紧围绕企业发展，解决好实际问题。具体内容，主要是六个"力"的调整，包括落实权力，增强活力，提供动力，扩充实力，减轻压力，保持定力。

落实权力，主要是指国资委简政放权，还权与企业，让

企业真正成为市场的主体，共包含 13 条：

海信集团、青啤集团等具有国际影响力、跨国经营的一般竞争性领域制造类市直大企业，单笔 10 亿元以下的股权投资项目、单笔投资占净资产 30% 以内的固定资产投资项目，由企业董事会自主按程序依法决策，并组织实施。

一般竞争性领域制造类市直大企业，单笔 5 亿元以下的股权投资项目、单笔投资占净资产 15% 以内的固定资产投资项目，由企业董事会自主按程序依法决策，并组织实施。

海港单笔 2 亿元以下的股权投资项目、单笔投资占净资产 10% 以内的固定资产投资项目，由企业董事会自主按程序依法决策，并组织实施。

空港单笔 1 亿元以下的股权投资项目、单笔投资占净资产 10% 以内的固定资产投资项目，由企业董事会自主按程序依法决策，并组织实施。

美国海信总部

青岛啤酒在美国纽约时代广场发布广告

政府投资公司单笔6000万元以下的股权投资项目、单笔投资占净资产10%以内的固定资产投资项目，由企业董事会自主按程序依法决策，并组织实施。

市政公用企业单笔1000万元以下的股权投资项目、单笔投资占净资产10%以内的固定资产投资项目，由企业董事会自主按程序依法决策，并组织实施。

一般竞争性领域制造类市直大企业权属企业涉及改革调整、国有资本金和产权变动事项，由企业董事会自主按程序依法决策，并组织实施；其他市直大企业权属企业（不含重要子企业）涉及改革调整、国有资本金和产权变动事项，由企业董事会自主按程序依法决策，并组织实施。其中，涉及市直大企业及其权属企业国有产权协议转让、无偿划转、境外国有产权管理、上市公司国有股权管理等事项，按国家、省规定执行。

市直大企业与其全资子企业、其全资子企业之间，市直大企业控股企业与其全资子企业、其全资子企业之间的产权协议转让，在遵循企业章程的基础上，由市直大企业董事会自主按程序依法决策，并组织实施。

尊重市直大企业在生产经营过程中的自主决策权，对经营决策事项原则不做事前审批；对投资、资本运营、资产处置以及并购等事项，一般采取备案制。

市直大企业自主决策事项需进行专项审计、资产评估时，由市直大企业从市政府国资委中介机构备选库中自主选择中介机构。

市直大企业自主决策事项中，涉及的专项审计、评估报告、期后审计，由市直大企业负责审核备案。

市直大企业以实物资产投资，对账实相符的，可不再进行专项审计。

市直大企业可自主确定急需的高端经营管理人才和专业人才的聘用条件、考核办法和薪酬标准。

增强活力，重点是深化企业改革，强身健体，提高企业的竞争力，共包含13条：

深化市直大企业产权制度改革，通过引入战略合作者、国有资本减持、股权激励等方式，提升企业规范化、市场化、国际化水平。

平稳、有序、科学地推进企业改革,引进各种所有制经济成分参与国有企业改革,推进国有资本从部分传统竞争性领域快速退出。近期重点做好贸易、纺织、轻工、机械等领域企业从行业中逐步退出国有产权部分。

推进国有小比例股权(战略性、引领性除外)清理退出,面向市场,公开挂牌转让;新增股权项目投资,除风投、基金等投资外,应符合企业主业并有实际控制权。

推动政府投资公司优化调整,退出低效、无效业务,使其主业清晰、相关多元、功能到位。

以城投集团现有旅游资源为核心,重组设立青岛旅游集团,建设青岛大旅游格局。引进战略投资者和民营资本,组建青岛国际邮轮母港公司,高标准打造国际一流的大型邮轮基地。

按照市委、市政府要求,协调、整合城市轨道交通、城

青岛空运口岸胶东机场GTC

际铁路、公共交通、道路运输资源，推进公共交通全域统筹。

按照市委、市政府要求，协调、推进主业相近、业务关联性强的城市建设企业重组，增强企业公共服务和市政建设能力。

调整、整合胶东机场和国际机场资源和管理配置，形成以国际机场集团为管理运营公司、胶东机场建设公司为新机场及临空经济区发展主体的新格局，推进区域性门户机场建设。

遵循国有资产无偿划拨、非国有企业以市场方式整合的原则，按照"先整合国有企业、后其他企业，分步实施，重点突破"的步骤，推进全市范围内水务、能源资源整合，实现全域统筹管理。

推动青钢集团、海晶化工等企业搬迁至董家口临港产业区，升级发展，推进国际一流、国内领先的国家级循环经济示范区建设。

推动市直大企业加强与央企、国内外知名企业实施战略合作，引进世界500强、国内500强、中央企业、省管企业和行业龙头企业，促进企业核心竞争力全面提升。

通过上收管理层级、整体改制、产权转让、吸收合并、清算注销等方式，使市直大企业的实际管理层级原则上压缩到三级以内，所属企业数量合理可控。

提高市直大企业管控能力，优化组织架构，加强企业在战略决策、投资规划、风险管控、财务控制等方面的管理，创新经营模式和商业模式，提升企业品牌影响力。

青岛海湾集团董家口产业园区中央控制室，综合计算机、通信、显示和控制等4C技术，实现了对生产和管理的实时、全面、智能与可视化控制

提供动力，为大企业加油鼓劲，采取有效措施，激励企业领导人员干事创业，共包含9条：

市直大企业承担市委、市政府确定的重点工作和重点项目、重大民生项目以及功能区建设任务，做出突出贡献或取得明显成效的，在经营业绩考核时按规定给予加分奖励。

按照市委、市政府要求，对市场化程度高、法人治理结构完善的一般竞争性领域市直大企业，在现有考核激励基础上，实施增量收益激励和岗位分红权激励，鼓励管理与技术要素参与收入分配。

按照市委、市政府要求，支持国信集团等建立市场化的激励约束机制，对市场化程度高的子公司，开展期权或分红权等激励约束机制试点工作。

市直大企业引进的战略投资者，来我市投资、建设、发展或建立销售公司，在经营业绩考核时，上缴的地方税收视同市直大企业缴纳税收。

市直大企业缴纳地方税收总额不超过 5 亿元部分，按规定以绩效年薪形式给予经营者奖励；超过 5 亿元部分，按照同比增长额的 1%~3%，提出给予经营者奖励的具体意见，报市委、市政府研究决定。

市直大企业承担重大民生项目，增加的成本费用支出，在经营业绩考核时，视情还原计算利润总额指标。

市直大企业当年度科技研发投入超过销售收入 5% 以上或同比增长部分，在经营业绩考核时，视同实现利润。

市直大企业因压缩两项资金占用造成的损失，以及消化以前年度挂账不良资产损失，在经营业绩考核时，视情还原计算利润总额指标。

按照市委、市政府要求，在海信集团、青啤集团、青岛港集团进行薪酬分配试点工作，在现有薪酬体系确定的企业经营者薪酬总额范围内，由企业董事会自主确定除董事长以外的经营管理者薪酬。

扩充实力，把优质资源向优势企业集中，推动企业做大做强，共包含 7 条：

按照市委、市政府要求，协调、整合可资产化的海域、岸线、岛屿、林地、山体、地下空间等城市公共资源，作为国有资本注入政府投资公司。

按照市委、市政府要求，协调、整合能够产生稳定现金流的国有资产，作为国有资本注入政府投资公司。

协调帮助政府投资公司按有关规定和程序积极争取土地一级整理开发权。

按照市委、市政府要求，协调、推动对优质存量城市基础设施、公有房产等进行重新评估，作为国有资本注入市政建设企业；对公共交通停车场（站）等进行重新评估，作为国有资本注入公共交通企业。

推进企业上市融资和上市公司再融资，扩大直接融资规模，协调、落实对新上市企业的奖励政策。支持企业通过发行企业债券、中期票据、短期融资券、私募债券等创新型融资工具扩大直接融资规模。积极支持市直大企业控股上市公司或拟上市企业资本市场运作需要，并出具相关文件。

推动国际投资公司等整合发展证券、基金、租赁、信托等金融产品和投融资业务，支持国信集团设立金融控股公司。

按照市委、市政府要求，协调、推动以国有资本经营收益和国有产（股）权转让、土地转让收益等搭建国有企业发展资金平台，专项支持国有企业落实市委、市政府决策部署和自身发展。

减轻压力，尽最大可能为企业减负，主动服务，帮助企业解除后顾之忧，共包含 12 条：

建立市政府国资委领导班子成员维稳工作联系点制度、重点信访案件包案制度，主动帮助企业研究、协调、解决稳定问题的办法。

落实市政府国资委领导班子成员信访接待制度，至少每周两个半天,领导班子成员定点接访,把矛盾纠纷化解在市政府国资委系统内部。

健全突发事件应急处置机制,明确责任领导、处置程序、处置办法、处置要求,使突发事件在第一时间得到妥善处置。

按照市委、市政府要求,协调、推动以国有资本经营收益和国有产(股)权转让、土地转让收益等搭建维护稳定资金平台,专项用于帮助企业解决发展改革中的遗留问题。

建立市政府国资委领导班子成员与市直大企业、经济功能区和重大项目建设主体"结对子"联系服务工作机制,进企业,进现场,随时听取企业意见,解决难题,促进落实。

建立市政府国资委处室与市直大企业"定点服务"制度,贴近企业需求,上门服务,主动帮助企业解决具体问题。

实行市直大企业报送件首接负责制,当天启动办理程序,一般三个工作日内办结,市政府国资委分管领导督办,及时回复。重大事项,市政府国资委党委集体研究。

配合市委有关部门,对市直大企业领导人员进行公司治理、商业模式、内部控制、资本运作、风险管控与人才培养等有针对性的专题培训。

定期组织市直大企业经营管理者和相关人员进行座谈交流,促进企业间信息沟通和业务合作。

积极争取上级国资监督管理机构的试点政策,使市直大企业享受更多的优惠政策。

加强与职能部门、行业主管部门、区(市)政府和经济功能区管委会的沟通协调,形成推进市直大企业发展改革的合力。

推动无实际经营活动、无办公场所、无人员安置、无法律纠纷的企业实行"壳企统管",不再纳入财务报表统计、经营业绩考核范围。

保持定力,多管齐下,强化监督,确保企业在依法依规的轨道内运行,共包含6条:

在设计企业改革、改制、重组方案时,把职工利益放在首位;在形成方案时,落实职工知情权,取得职工的理解与支持;在实施中,涉及职工安置方案须经职代会或职工大会表决通过。

推动市直大企业完善落实企业发展改革战略规划、全面预算管理、投资计划、年度财务决算、董事会年度报告、实施全面风险管理等工作制度。

发挥市直大企业监事会即时跟踪、监督、提醒、建议作用,强化对重点领域、重点区域、重点项目的专项监督。

监事会及时将市直大企业落实市委、市政府重大决策部署,推进经济功能区和重大项目建设,执行"三重一大"事项决策等情况报市政府国资委。

建立市直大企业自主决策事项实施情况的评估机制,在有利于企业经营和保护商业秘密的前提下,聘请国内外知名专业机构进行评估,根据评估情况,落实奖惩政策。

对影响发展、改革不力、有损稳定的人员,依法依规追究相应责任。

5

把保护干事创业寓于监督工作之中

改革开放以来,随着市场经济发展,我们国家从上到下,对国有企业建立了一整套监督工作机制,包括党内监督、社会监督、法律监督、国资监管和企业内部法人治理,等等。从青岛的实践看,监督工作很敏感,搞好了,对国有企业发展有促进作用;搞得不妥,有可能对企业产生消极影响。

把监督工作的坐标放在服务企业发展的大局上

这些年来，青岛市直大企业发展之所以没有出现大的偏差，最关键的就是把监督工作的坐标，放在了服务企业发展大局上。基本的指导思想就是着眼于保护企业家干事创业。二十多年过去了，有一件事情至今记忆犹新。

1996年11月，一个市直国资总公司向市委、市政府报告，其下属利群股份公司内部领导干部闹矛盾等一系列问题，对企业内部管理和整个企业系统造成了恶劣影响。考虑到利群是全市股份制改革试点企业之一，又是全市仅有的四大万米商厦之一，影响比较大。市委、市政府责成市委组织部、市委财贸工委组成联合调查组，深入调查后提出处理意见。

调查组先到了利群的直接上级总公司。据了解，利群总经理和副总经理之间因矛盾严重而发生冲突，还有其他副总和中层干部参与，直接影响了企业经营；总经理忽视党的领导，4年中赶跑了3位书记；董事会未经上级党委批准，私自聘任了4名副总经理，停止了两位副总经理的工作，总经理为自己涨了5级工资。问题非常严重。总公司的个别领导，还专门交代了有关工作思路，一是调查，二是核实，三是换人。

金鼎利群

随后，调查组来到企业，感觉所见与所介绍的情况反差挺大。整个台东利群6层商场，人来人往，熙熙攘攘，比较正常。找相关人员了解，当时确实有两位公司领导发生冲突，矛盾严重。冲突原因主要是总经理认为副总经理工作推进不力，对其调整分工。后来矛盾进一步激化，董事会根据总经理提议，经多数董事同意，停止了相关副总经理的工作，但没有向总公司党委报批。被停职的工作人员反应激烈，上级有关部门意见也很大。

总经理和多数副总认为，利群已经改为股份制了，国有股只占6%，董事会聘任副总不用再向总公司报批。并且两年前聘任了4名副总，当时上级也没有干预，这次停止两名副总的工作，上级同样也不应该干预。这些年来，利群由一个小门店发展成一个大商厦，公司领导层和中层骨干还有广大职工的待遇都应该水涨船高，这些都属于国家政策规定和董事会权限范围之内的。

对4年中打跑3任书记的问题,利群公司党委认为表述不太准确。实际上是,4年中调入了4位书记,前3位都是因为一些决策分歧,与总经理发生矛盾,由总公司党委安排调离。第4位书记,虽然年纪比较轻,但是处事非常周到,来利群后,坚持原则,维护经营管理,与总经理配合比较顺畅。后来,调查组专门在利群中层以上干部和全体党员中,分别进行了民主测评。两个结果表明,总经理和党委书记得优秀、称职票的票数,都是在前两位。

公司上下都反映,总经理优点突出,缺点也很突出:事业心、责任心强;头脑清楚,反应敏捷;新点子、新办法多;大胆泼辣,敢抓敢管。在全市大型商厦中,他率先对人事、财务及商品进、销、调、存等环节,采取了计算机联网管理。在商厦承建方退出的情况下,大胆决策自己干,每天十几个小时靠在工地上。缺点是个性比较强,经营管理上愿意自己做主,与上级单位关系比较紧张;对下管理也不讲情面,民

长江利群

主作风欠缺。

为了把情况彻底搞准搞实,调查组还专门到纪检、行业主管机关、税务、体改、证券、信访、国资、司法、公证、银行等 12 个有关单位了解情况。各单位讲的都差不多,都听到很多关于利群问题的反映,但是各自业务管辖范围内都没有发现利群违反原则的真凭实据。其中,有一位执法机关的领导讲了一句话,大家就彻底放心了。他说专门盯了半年多,并没有发现什么证据。

企业好不好,主要看效益。为慎重起见,调查组还对当时青岛四大商厦效益情况进行了专门比对。华联、东方由于效益等原因,当年与利群可比性不大。国货的营业面积、职工人数等基本情况与利群大体相仿,但国货账面利润比利群高出近三分之一。单纯从报表上看,利群效益明显不高,经深入测算,结果却完全相反。

商业毛利,主要是体现在进货与出货的差价上。所得利润,实际上就是毛利减去折旧、工资、利息等而来。当时,调查组与财、税、审等专业人员一起进行了分析,国货与利群商

台东利群

厦规模差不多，国有资产投资差不多，折旧也就应该差不多；营业面积差不多，职工人数也差不多，工资总额也应该差不多。

他们两个单位效益之差，实际上就是差在利息上。国货上市甩掉贷款包袱，而利群当时还没有上市，还要付大量利息。在两家所提折旧和支付工资大体相当的情况下，扣除利息返还计算，利群当年效益应该排在全市各大商厦第一位。

鉴于以上情况，调查组也考虑到有关意见与企业主管单位认识不太一致，所以最后的意见建议也渗透了一些折中因素。对公司主要领导同志提出了"一批、二帮、三等"的建议，即严肃批评，帮助其纠正错误，改进工作，以观后效。对有关副职，建议由上级组织另行安排工作。

市委组织部主要领导和分管领导都听取了汇报，并把调查情况和有关建议，专门向市委书记办公会做了汇报。市委、市政府领导站得高、看得远，尊重事实，尊重企业家，不计较基层干部过激情绪之下的一些言语，坚决支持利群股份制改造，保护企业，保护企业家。

这件事平稳过去了，利群从此走上了快车道。1996年时利群只有台东一个商厦，现在是已经拥有万米商厦100座、星级酒店10多座的大型集团。2018年，由于受电商影响，全国各地商业门店纷纷关闭，而利群却一下子收购了韩国乐天玛特70余家门店，当年重整开业近50家，实现了从区域性商业集团到全国性商业集团的跨越。

"1+3"工作细则，从制度上解决党委书记、董事长、总经理、监事会主席"干什么""怎么干""干到什么程度"的问题

类似利群的情况，或大或小，在青岛其他一些大企业发展过程中也都遇到过。特别是21世纪中国加入世贸组织以后，随着市场竞争的日趋激烈，权大还是法大的冲突也越来越多。市委、市政府和市委组织部领导都指示，要下功夫研究，提出一些制度性的解决办法。我们也认为，就事论事处理问题，个别情况下可以，但是问题多了，肯定顾不过来，必须用规章制度把类似问题规范起来。

当然，规章制度也不是从来就有的，而应该是随着事物的发展逐步完善而成。所以，从2003年国资委成立时，市委组织部就与国资委一起，开始制定青岛市市直企业董事会、党委会、经理层和监事会四个工作细则，以及其他一些相关制度。

2015年，我们又重新对四个细则进行了修订，把过去并列的四个细则改变为以党委会细则牵头的"1+3"工作细则。

从制度上解决党委书记、董事长、总经理、监事会主席"干什么""怎么干""干到什么程度"的问题。通过实施这些细则，用制度管权、用制度管事、用制度管人，规范企业领导人员行为。

2018年，为了加大防范廉政风险和经营风险的力度，我们又专门制定了《青岛市市直企业违规经营投资责任追究暂行办法》，配套出台了非竞争类企业投资管理、企业债务管理、规范非银行金融业务、严控非主业投资等5个规范性文件，形成了"1+5"的监督规范体系。以上这些，不仅是对企业领导人员的约束，更为重要的是对他们的保护。

外派监事会维护青岛大企业发展 20 年

1998 年，中国加入世贸组织前夜，上海、深圳和青岛一些沿海开放城市，都在研究入世后国有企业如何建立现代企业制度，如何健全企业法人治理结构，特别是如何设置企业监事会。

当时，按照公司法规定，国有企业与其他企业一样，监事会与董事会、经理层，都是公司内部设置的机构。市委组织部与当时的市国资办，在分析我市国有企业有关情况的基础上，又分析了大量国内外有关案例，认为国有企业内设监事会，与董事会和经理层"一个锅里摸勺子"，内部利益捆在一起，不可能起到有效的监督作用。为此，两个部门创新思维，以外派的形式设立公司监事会，使其从管理体制上、人员待遇上等，与企业内部利益彻底脱钩。

古为今用，洋为中用。国际上的公司制度已经存在了近 200 年，其监督机制也探索了近 100 年。虽然，美、日、欧等经济发达国家，这方面的体制也是多种多样，但是，大体思路都差不多，基本上都是采取了外部监督的模式。美国企业的监督，主要是依靠外部的独立董事；英国企业，主要是聘请独立的会计师进行监督审计；德国企业是由股东组成监事会，在董事会之上进行监督；日本企业，开始时也是在股东大会下设并行的董事会、监事会，后来多数又改了，基本走的还是英美外部监督的路子。

1999年3月，青岛以市政府的名义，向部分市直大企业选派了第一批监事会主席和监事，随后逐步全面推开。外派监督人员的基本条件，一方面政治素质要高，另一方面必须具备较好的专业能力。监事会主席从熟悉财政、税务、审计，起码是熟悉管理的领导干部中选拔；监事面向社会，公开从企业财会岗位上选聘。把他们外派到企业工作，但不在派驻企业拿一分钱。

瞪大眼睛，竖起耳朵，张开嘴巴。发现问题及时提醒，把问题解决在萌芽之中，减少了企业决策和经营管理当中许多可能出现的失误。

2000年3月，国务院在吸收沿海城市经验的基础上，正式出台了《国有企业监事会暂行条例》。明确规定，国有重点大型企业的监事会由国务院派出，对国务院负责，代表国家对国有重点大型企业的保值增值状况进行监督。随后，20多个省、区、市结合本地实际，在地方国有企业中也实行了外派监事会制度。

监事会重点盯住董事会、经理层和财务部门三类人员，把企业"三重一大"事项决策执行情况、重大经营风险防范情况、企业人员依法依规履职情况，作为监督工作三个重点。实行日常监督、专项调研、年度检查、整改落实相结合的方式，形成事前参与、事中规范、事后评价的监督格局。

问题管理，抓住监督工作的核心内容

发现问题、分析问题、解决问题，是监督工作的主要流程，其中，发现问题是基础。青岛国有企业发展比较好，规模大，数量多。为了确保监督到位，市直大企业监事会一直保持在7~9个，专职监督人员的规模在50名左右。

仅2017年，8个监事会的49名监督人员，就列席大企业董事会、总经理办公会和专业会议1205次，实地检查二级以上企业406户，形成监督信息专报181份，开展专项调研68次，提交年度监督检查报告33份，提示风险和较大问题99个，提出正式意见建议100条，这些都为市委、市政府和国资委了解、判断市直大企业情况提供了依据。

分析问题要过滤。实践当中，监事会专职专查，力度很大，发现问题很多，如何去粗取精、去伪存真非常重要。这些年来，建立了三个层次的分析制度，包括监事会内部分析、监事会主席与国资委党委分管领导个别讨论、国资委党委与监事会主席联席会。

国资委与外派监事会始终把握一个"硬杠杠"，就是公与私这个底线的区别。

公对公的事，无须特别计较，不要纠缠不休，宜粗不宜细。错了，监事会帮助解释、帮助处理，甚至帮助企业写报告、写检查。

公对私的事，宜慎之又慎，细之又细，防患于未然。特别要注意把风险给企业领导人员分析清楚。国有资产流失是一个法律问题。轻的，可以企业内部处理；重的，可能触犯刑律；造成重大损失的，还有掉脑袋的风险。把这些分析透彻，准确定性，给企业减少了很多麻烦。

解决问题是关键。2013年以后，国家一方面对银行、保险、证券等金融机构加大监管力度，另一方面，为了鼓励、支持中小企业发展，对小贷、担保、基金等非银行金融业务加大支持力度。青岛一些有条件的国有大企业，利用国企贷款相对方便的优势，一拥而上，纷纷开展这方面的业务。

开始的时候，报表收益非常好看，时间长了，风险积累逐步加大。2018年6月底，根据监事会报告，仅3个投资类企业，金融板块风险金额就达到了18.59亿元。监事会往年曾

技术先进、投资量大的青岛地铁项目

多次提醒，但整改效果不好。国资委主要负责同志半年内分别约谈每家公司主要领导两三次，但进展仍然不大。

7~8月，国资委党委书记、主任、市纪委派驻纪检组长、分管副主任与派驻企业监事会主席一起，分别召开3个大企业党委书记、董事长、总经理、纪委书记、分管部总经理联席会。

一方面，会议特别强调了《中国共产党党内监督条例》关于监督执纪四种形态的有关要求。明确告诉大家，虽然许多问题是历史遗留下来的，但是绝对不能新官不理旧账，都要对号入座。现在的状况属于红脸出汗范畴，如果问题继续加大，处置方法也要继续升级。

另一方面，会议上与企业领导人一起逐笔分析了出现风险的资金情况，逐笔研究化解的具体措施，逐笔拿出可行的整改意见。同时，国资委正式向所有市直企业下发有关文件，提出相关警示。职能处室专门建立台账，分管主任每月进行一次专门调度。

精诚所至，金石为开。3家大企业领导都专门靠上，上下动员，通过企业运作、政府协调、法律诉讼等一系列复杂艰苦的工作，一些长达10年的坏账开始被逐个解决。

当年底，3家大企业有关风险就处置了近一半，剩余问题的解决也进入了正常工作的轨道。大企业经营管理层和国资委、监事会的领导心里边都感觉比较踏实。在全国3000多家上市公司中，青啤监事会和双星监事会还被评为全国最佳监事会30强。

6
始终把职工群众的冷暖放在心上

职工利益无小事，职工队伍的稳定，对企业发展影响很大。2003年，青岛市国有资产监督管理体制调整以后，主要的工作思路就是抓大放小。客观地说，抓大，各方面效果都非常好，特别是几十万大企业职工队伍非常稳定。放小，出现失控，一些小企业经营者与职工矛盾激化，造成大量上访。

水能载舟，亦能覆舟

部分国有重要骨干企业实行了股份制改造以后，逐步与现代企业制度接轨。内部经营和分配机制以经济效益为中心，干部能上能下，收入能高能低，员工能进能出。企业效益越来越好，国家、企业、职工三方利益都得到保障。特别是职工收入随着企业效益的增长水涨船高，几十万职工队伍非常稳定，信访量很少，基本上没有发生群体性上访事件，保证了市直大企业健康发展，也为全市经济发展做出了突出贡献。

同时，这10年间，共有2000多个处于市场链末端的中小企业改制退出，涉及职工25万多人。一方面，由于这些中小企业生产经营比较困难，职工收入上不去；另一方面，改制以后，经营者对职工群众的关心确实少了。改制企业与未改制企业职工收入的差异，改制企业内部经营管理层与普通一线工人收入的差异，企业效益好的时候与企业效益差的时候的差异，特别是，对职工个人和家庭遇到的一些灾难性问题的处理没有关心到位，造成职工群众与改制企业经营者之间的矛盾，甚至是严重对立。这期间，很多改制企业的职工群众都回过头来找市委、市政府和国资委上访。

2012年，涉及企业的信访量曾经占到全市所有信访量总和的50%。市委、市政府门前甚至经常有企业职工游行、静坐、喊口号，国资委办公的地方也被堵了近两年。相当一部分改制的中小企业，因为经营者与职工群众难以调和的矛盾而关闭、清算、破产。

一个老大难问题的解决

对老城区一个改制企业信访问题的处理令我印象深刻。2013年7月的一天，办公室外边突然响起一片吵嚷声。办公室主任讲，有100多位上访人员堵在门口，情绪很激烈，请领导不要出去，以免发生冲突。整整一天，机关的同志都没有出门，下午5点多这些老职工才撤走。

班子成员分析，他们正在气头上，明天早上可能还要来，没有得到明确答复，肯定不能算完。果然，第二天他们又堵上门了。经过商量，老堵门不好看，还是把他们请到会议室吧。请大家喝水，中午不走，就买包子给他们吃，拖一天算一天，反正企业都改制了，我们也管不了。

结果，到会议室以后，大家吵得更厉害了。好几个老太太大哭，有一个还当场休克了，我们赶快找了120救护车抢救。还好，处理一下就好了。

真没有办法。国资委领导班子8个人，一起来到了会议室。当时也想，咱就是从工人当中出来的，有什么好怕的？能办不能办跟大家讲清楚。见面后，讲的第一句话就是："师傅们，我也是从企业出来的，现在在国资委当个头，每月发八千元，你们退休了,也发两千、三千、四千,我比你们多,但我们都是工薪阶层。有什么事说吧,咱们一块想办法。"

句句哭,声声泪。他们都是20世纪六七十年代,由农村来青岛就业的。开始时四五个人住一间十五六平方米的集体宿舍。改革开放后,企业效益也好了,其中一些人就被安排到其他地方去住了。还有的在城里找了对象,家里有地方的也搬走了。再后来,每间屋就剩下一个人,在这屋里成家、生儿育女,每个月都缴房租,他们还当场拿出来了房租条作证。现在要拆迁了,拆迁方说他们没有房产证,属非法居住,并要求他们马上搬走,但他们没有地方去。前些日子,公共厕所也堵了,经常停电、停水。拆迁队还把有的房子墙上挖了洞,用大狗吓唬老头、老太太。讲着讲着又是一片哭泣声。

听了这些情况,我非常气愤,也非常难过。当天,班子成员分别去找信访局、区委、区政府。这些单位都表示了极大的同情,表态要全力支持,一起想办法。

第三天,记得是个星期五,天气阴沉沉的,大雾天,他们又来了。尽管我们一直在抓紧协调,但还没有结果。11点多钟,办公室主任讲,老头、老太太都走了。我赶快追到楼下,询问他们怎么走了。他们说,你们是好人,不给你们找麻烦了。

站在延安三路的大街上,看着他们越过香港路往上坡走。老人们相互搀扶着,他们都和我们招手:回去吧。当时,我心里边非常难受,今天又把他们糊弄走了,这不都成骗子了吗?忍了忍没有让眼泪掉下来。

当天下午，我把这件事向市委、市政府领导同志作了汇报，领导表态一定要抓紧解决。随后，我们专门召开党委会研究分析。当时，委里边也有同志讲，这是一些改制企业，不用管，也管不了。

党委成员中一位很受人尊敬的老同志讲了一些话，我深有同感。他说这些老职工太可怜了，说破天，就是一间小房子的拆迁补偿费。对有钱人来说可能是一点小利，对他们来说可能就是全部。不要说作为国有企业主管部门的领导干部，就是普通百姓碰上了这些事，从行善积德的角度来讲，也会上来帮忙的。这些老职工虽然没有房产证，但是他们有承租房屋缴费单，这些都是老国有企业分给他们的，他们是有居住权的。并且现在这些厂区工业用地都要变成商住地，企业和地方都因此而有很大收益，解决老职工这些诉求应该不会有很大的困难。

后来，我也带着情绪，找到了企业所在区委、区政府和市信访局领导，他们都曾经是老同事，都劝我别上火，大家一起想办法。

第二周，企业董事长从外地赶过来了，区里领导和我们一起与其见了面。青岛这个企业，是外地一帮大学生下海来青接续经营的。董事长对工地发生的矛盾不是很清楚，听了情况以后，当场表示全力配合，会尽其所能把老职工安置好。后来，这家企业拿出了3000多万，65户的拆迁问题全部都解决了。

事情解决后，老职工们非常高兴。他们本来想租几个大客车，拖家带口，一两百人一块到委里表示感谢，我们坚决劝阻了。后来，他们派来三个代表，送了锦旗和感谢信。国务院副秘书长兼国家信访局局长来青，专门了解了这个情况，给予了很高的评价。

企业信访，怎样从 50% 降到了 1%

痛定思痛，举一反三。随后，我们对 10 年来积累的 29 个大案进行了全面排查，党委成员每人包两个案子，每个处室包一个案子。全委动员，调动一切可以调动的力量，动用一切可以动用的资金，协调一切可以协调的部门，打攻坚战。

这期间，国资委党委在机关里上下动员，主要解决三个问题：

一是立场问题。如何对待上访职工？上访职工都是老百姓，都是我们的衣食父母，应该站在他们的立场上考虑问题。

二是感情问题。好多事很难，但是把这件事当成自己家的事去办，把上访群众当成自己的父母和兄弟姐妹，办法自然就有了。必须带着感情去做工作。

三是方法问题。有一些案子，单纯从一个角度、用一个政策去处理可能不行。但是，换一个思路行不行？譬如，市里应该给这个企业的上访群众解决问题，但是又怕引起面上攀比，一个扯一个都动不了。怎么办？是否可以先把有关资金划到市直企业，然后再由市直企业转到下属企业。这样，就把一个面上可能引起连锁反应的问题，变成了一个企业内部自己解决的问题。也就是说，把钱从上口袋直接转到下口袋不行，那么从中间口袋转一下，问题就解决了。

同时，我们在全市所有国有企业范围内建立了信访工作四级责任制。全市的国有企业重大信访问题，由市国资委负责；市直大企业发生的信访问题，由市直大企业负责；中小企业的信访问题，由华通集团负责；破产企业和壳企业的信访问题，由市企业托管中心负责。

全市国有企业上上下下齐心协力，到2013年底，国资系统信访量从2012年占全市的50%下降到8%，2014年底下降到3%，2018年底下降到1%。企业职工在市委、市政府门前浩浩荡荡游行的没有了，国资委门前一群一群堵门的没有了，国有企业职工较大规模的群访好几年来都没有了。

这期间，发生了一个比较特殊的例子。有一个企业的七八户困难职工长期到国资委上访。后来，国资委靠上专人，细心研究，全方面做工作，终于找到了一个长期救济的办法，化大为小，逐步解决了这些个人和家庭的困难。

这些困难职工都很感动。有五六个老工人代表专门来到委里送锦旗，被我们婉言谢绝了。后来，她们得知委里一个领导生病了，几个人专门上山采了一种草药，炒成药茶送来，还带了两斤糖和两盒烟，并且凑了6万元钱。当然，钱是坚决不能要的，茶、糖、烟是老工人们的情意，如果不收就会伤她们的心。我们再三推托以后，就把东西收下了。为老百姓办实事，得到老百姓的认可，我们感到很光荣。

再后来，正逢开展党的群众路线教育，为了进一步加强与群众的感情，同时，也为了使这次教育活动有一些实实在在的效果，委机关还专门召开了干部大会，选了好几位同志谈体会。我也讲了三点认识：群众是谁？我们是谁？我们能为群众做什么？引起大家共鸣。当时的稿子是这样写的：

群众是谁

有的时候，一讲到群众，一般都感觉，群众都是些普通的人，而我们都是大学毕业生，是公务员，是党员干部，肯定要比群众层次高。现在通过学习看来，这个认识实际上本身就存在问题。

这个问题产生的原因，就是把自己的位置估计高了，好像群众都很愚昧。他们不明白道理，只能由我们去告诉他们；他们不会做事情，只能由我们去教给他们；他们有困难，只能由我们去帮着解决。实际上，这是完全错误的。

现在，过去的很多同学、很多厂里的同事，仍然在劳动，仍然在创造价值，为国家纳税，自己养活自己。而机关大多数人，包括我自己在内，真正在市场经济大潮中为企业挣过钱、为国家和老百姓创造大量税收的人很少，可以说我们都是花钱的手，都是靠群众养活着。有时候，自己想想，许多情况下，你可能连钱都不会花，比如搞一个大的工程，如果你花钱不讲规矩、没有数，就很可能会花出事来。

毛主席说，群众是真正的英雄，而我们自己则往往是幼稚可笑的，不了解这一点，就不可能得到起码的知识。这次通过学习，重新看毛主席的这些话，体会是非常深刻的。实际上，在古代的时候就讲，"百姓"是很厉害的，是有名有姓的，有名有姓才是"百姓"。后来又在"百姓"前面加了个"老"字，叫"老百姓"，不是"小百姓"，"老百姓"就更是有本事的人。

现在，平常的时候你可能感觉不到群众的可贵，但是到了困难的时候，你就会感到老百姓是很高尚的。我十五六岁的时候，在工地里面干临时工，那个时候个头不矮，但身体还是非常单薄的，也就是个"豆芽菜"。单位的老师傅护着我，搬的、抬的、扛的重活，都是他们先干。坐大卡车上下班，下雨了，老师傅主动把蓑衣撑开，让小孩钻到下边。这样的事情，许多人都会经历到。谁是高尚的人？都是一些普通的群众！

在人品这个问题上，与是不是官、官大官小都是没有关系的。官大不一定觉悟高，官小不一定觉悟低；有钱不一定觉悟高，没钱不一定觉悟低。

老百姓帮你忙，都是不讲报酬的。过去，共产党吃不上饭的时候，是老百姓给吃的、穿的、用的，共产党就是靠老百姓、靠群众起家的。现在，老百姓又默默承担了大量的改革成本，不到万不得已，都是自己承受，不上访、不反映。群众水平低吗？不是低，而是非常高尚。看低群众，看不起群众，是个原则问题、立场问题、大是大非问题。

群众其实就在身边，我们也是群众的一分子。如果把所谓的机关干部硬从群众中分离出来，不能和群众坐到同一条板凳上，看低群众，甚至放到对立面，实质上就是脱离了群众，就是打官腔、摆官架，就是官僚主义的具体体现，这是非常可笑的。

毛主席讲，官气是一种低级趣味，这不是高尚的共产主义精神；以普通劳动者的姿态出现，则是一种高级趣味，是高尚的共产主义精神。一定要把群众当成亲人、自己人、一家人，与群众真正站在一起。

我们是谁

一般认为，我们是国家公务员，是党员干部，干部就是有权的，有车坐、吹着空调、坐在办公室，风吹不着、雨淋不着、太阳晒不着。

现在想想，我们到底是谁？所谓的权力是谁给的？又是为谁来办事？对这些，都要有正确的把握。毛主席说，如果把自己看作群众的主人，看作高踞于"下等人"头上的贵族，那么，不管他们有多大的才能，也是群众所不需要的，他们的工作是没有前途的。

现在社会上还流传这样一些说法，就是领导不愿听真话，群众不愿听假话，一些机关干部逼得没有办法，怎么办？只能讲套话，讲空话。讲完后，自己都不知道自己讲了些什么。虽然这些不一定完全是事实，但是有时候也是存在的。我们到底是谁？其实，就是群众，就是老百姓中的一员。决不能把自己搞得高高在上、居高临下、冠冕堂皇。

有些干部自称是父母官。有时想想父母官是什么？父母，首先是个责任问题，是围着孩子转的。父母官，应当是老百姓、纳税人养着的服务员，应当是围着群众转的。

服务员的出发点和落脚点都应该是服务群众、为群众解决实际困难。应当忘掉父母官的官位置，记住父母官的父母责任，一切围着老百姓转、围着群众转。

有时候想，当你不当这个小官了，真正作为一名群众，到了群众中间，该怎么办？其实，我们好多事搞不懂、好多事干不了，就是到什么地方坐什么公交车都要重新弄明白。从这个意义上讲，我们连普通老百姓都不如，千万不能把自己摆在与老百姓不一样的位置上。

我们就是群众，能当上群众就不错了，就非常好了。有的时候,有的同志问:你怎么老是撸裤腿子？其实这就是年轻的时候，在工地当工人时养成的习惯。原来听了以后有些脸红，这样好像不是文化人、不是机关人的做法。现在年龄大了，感觉也习惯了，因为我们就是老百姓,没有什么丢人的。

我们能为群众做什么

群众有很大、很广的含义,但是,也应该有实在、具体的对象。这次群众路线教育实践活动,市里组织机关干部到社区、农村包困难户,很有意义。其实,除了这些以外,每个单位应该还有很多直接的事要做。

从国资委的情况看,除了市里安排的机关干部到社区、农村包困难户以外,直接面对的服务对象还有三个方面:

一是市直大企业。国资委自己都很清楚,市委、市政府和全市人民群众对市直大企业的重视程度,远远高于国资委。市直大企业的领导,就是我们的领导,他们工作顺畅了,我们就能松口气;他们工作不顺畅,我们也不好过。

现在企业发展遇到了一些难题,提出一些要求,国资委有责任满足,最终让企业发展,让职工得到更大、更多的实惠。国资委的工作一定要围绕企业发展转。"国资委的工作好不好,大企业说了算"的理念,一定要确立起来。

二是上访群众。毛主席讲过这样的意思,一切干部,不论职务高低,都是人民的勤务员,所做的一切,都是为人民服务。有些什么不好的东西舍不得丢掉呢？现在大热天，职工群众来上访，放弃了做人最起码的尊严，绝大多数应该说是值得同情的。对于他们提出的问题，我们有责任帮助解决，能办的尽量办、快办、马上办。

三是机关干部职工。对机关干部职工，不能一味只强调严格管理，还是要更多地讲人性化、人情化。机关干部职工反映的，像吃饭、喝水、公务用车、孩子上学就业、家里人有大病，这些难处和现实问题，许多情况下，是个人解决不了的，那么，单位、党组织和工会应该有责任、有义务帮助大家解决好。

一个单位、一个具体的公务员，胸怀祖国、放眼世界这样大的事情、远的事情必须去想，但同时要拿出更大的精力，认认真真地从自身做起，从群众需求最迫切的事情做起。一屋不扫，何以扫天下？机关干部确实应该从具体事、小事入手，能办的赶紧办。

前一阵子，委里一位同志变化很大，工作比以前主动，比以前认真。为什么？就是因为他家里遇到困难，机关党委帮他协调解决了。这是小事吗？其实很大，不仅拉了他一个人，也是拉了他们一个家庭，解决了他们家的大事。所以，一定要少弄虚的，多搞实的，群众会记你一辈子的。

在党的群众路线教育实践活动中，国资委收集了不少意见建议。这不能等到整改阶段再去办，而是要马上改、马上办,边学边改,边议边改。空谈误国,实干兴邦,踏踏实实多办一些好事,解决一些具体困难,聚沙成塔,积少成多,到最后一定可以办成大事。

一是对大企业反映的意见,通过加快落实"60条"简政放权有关精神来解决。前段时间,听到企业的一些反映,需要一些专业的审计、评估、法律等中介机构,企业都不能自己决定,必须报国资委审批,程序繁多、时间很长。其实,国资委批不批有什么意义?这些中介机构是否具备这方面的资格,都有国家专业的规定和审批程序,再加上一套审批程序,实际上就是叠床架屋,给企业造成很大麻烦。

为此,我们又搞了个近期要抓好的50项重点工作,目的就是一定要把"60条"落实好,增强市直大企业发展的实力、动力、活力,落实企业自主经营决策权,改进国资委的工作方式,转变工作作风,激发企业干事创业的激情,把市直大企业发展得更快、更强、更好,真正让企业和广大职工群众从改革发展中得到好处。

二是对堵门的下岗职工,通过抓好13起"老大难"信访积案的处理来解决。这些都是"硬骨头",必须到现场去办、到企业去办、到群众中去办,下功夫去处理,决不能一般性地简单处理。现在一半以上积案的解决已经有了眉目和成效,有2起近期将启动具体解决措施，有望从根本上解决。

在解决群众的具体问题当中，前段有的人还提出，对于要发的或补的钱，活着的可以发，去世的不必发；还有的人讲，对应该发的，还要把他过去欠的给扣出去。这种做法非常不可取。这些群众不容易，职工去世的，他的亲人还在，就要给；欠了的不扣了，应发给大家，不要和老百姓算小账。让群众享受一下改革发展成果，这不好吗？正像毛主席说的，一切空话都是无用的，必须给人民以看得见的物质福利。

三是解决国资委机关干部职工的实际困难。前段时间，国资委建立了委领导家访制度。在落实的过程中，委内一名领导到大泽山走访一名同志的父母家，本来想去感动别人，结果却被别人感动了。

这位同志今年以来家里遭受了重大变故。4月份岳母去世，6月份父亲去世，现在母亲癌症复发已到晚期，即使这样也没有给单位讲。去了以后，79岁的母亲说得最多的是，儿子是公家人，公家的事大、事多，已经给公家添了很多麻烦了。他哥哥说，自己在家种地，在父母身边，家里的事会靠上，会伺候好老的，让弟弟做好单位里的工作。回来的同志讲，革命老区人民的觉悟就是高，真是受到了一场活生生的群众路线教育。

这些年，国资委机关干部职工的吃饭是个大问题。过去领导都到市直企业那个小餐厅就餐，其他干部都到物业公司职工食堂。后来发现物业公司食堂花生油不到三块钱一斤，大家就都不去了。每天中午，到处找地方，到处打游击，干部群众对此反应很大。要解决这件事，就要专门建一个伙房。

说说容易，但做起来，需要干的事上百件也不止。物业说不行，电业说不行，消防也说不行。委党委研究，虽然这件事做起来不是那么简单，但确实是机关干部职工急需的。在这个单位当领导，必须对这个单位的干部职工负责。出去弯腰、低头、求人，可能要"掉点价"，但是把这个事情解决好了，对于稳定机关干部职工队伍非常重要。

现在，食堂有了，同时，喝水、家庭困难等具体问题，也都积极地进行解决，大家的气也就顺了。过去晚来早走的现象没有了，各项纪律规定也都落实到位了，大家积极性调动起来了，全委井然有序，工作越来越好了。

群众是真正的英雄，我们都是微不足道的，能当一个合格的群众就很好了。群众是亲人，和我们是一家人。与群众站在一起，因地制宜，因人制宜，因时制宜，从自身做起，踏踏实实多为群众办实事、办好事，只有这样，才算是真正把党的群众路线教育实践活动的要求落到了实处。

借党的群众路线教育东风，国资委在信访处理上收获了累累硕果。通过到基层,到现场,到职工家,一笔一笔地算,一人一人地核,好多沉积几年、十几年甚至几十年的旧案,都弄清楚了。政策能用就用、能高就高,除几个因国家政策性问题没有破题外,基本上都化解了。职工群众找到委里来的,帮着想办法。企业到委里来求援的,也想办法帮着做工作。

令人高兴的是,节假日、上下班,走在马路上、小区里、公园里,经常会有一些不认识的人和你热情地打招呼。我想,可能就是一些来国资委上访过的职工群众吧。

7

党的建设永远都是国企工作的重中之重

国有企业是党执政兴国的重要支柱,而党的领导和党的建设则是国有企业的"根"和"魂"。

党的领导不断线,党管干部不放手

这些年来,我亲身感受到,不管市场经济怎么发展,也不管国际化道路还有多远,市委对市直大企业始终坚持党的领导不断线,坚持党管干部不放手。市直企业都设立了市直党委,大企业领导干部都由市委直接管理。影响比较深远的,有以下这样一些工作。

建设一流的党员企业家队伍。这确实是一件提纲挈领的大事。20世纪八九十年代,市委就把党员企业家队伍建设提到了非常重要的位置。听党的话,跟党走,这是市委选拔大企业领导人员的首要条件,同时还要具备企业家才能,也是挑选大企业领导人员的必备条件。张瑞敏、周厚健等就是其中的杰出代表,他们创造了以"五朵金花"为标志的"青岛现象"。2000年以后,金志国等一些优秀企业家又为"青岛现象"增砖添瓦。近几年来,一些新生代的企业家又不断涌现,为青岛大企业持续发展创造了良好的业绩。

建设以党委为核心的"1+3"企业法人治理体系。没有规矩,不成方圆。近几年来,所有市直企业都把坚持党的领导和从严治党写入了公司章程,用规章形式固定下来。把过去市直企业董事会、党委会、经理层和监事会4个并列的工作细则,

青岛港党委向生产一线优秀党员赠书

修订为以党委会细则为统领的"1+3"治理体系，把党的领导和从严治党上升到公司治理的核心地位。坚持党管干部，对企业"三重一大"，由党委先行研究，程序前置，研究确定明确意见后，董事会、经理层、监事会分头落实。

建设贴近生产经营实际的一系列企业党建品牌。生产经营来不得半点虚假，因为有虚假，消费者就不买账了。所以，对企业党建品牌要求标准也特别高。

鼓励企业党组织创建了"海尔蓝中党旗红""振超效率""有事找党员"等80多个基层一线党建品牌，包括了生产、经营、研发、销售和社会服务等，涉及市直企业业务的所有领域。

树立了皮进军、郭凯等100多名品牌党员，特别是在企业生产经营的重点难点工作中，发挥党组织战斗堡垒作用、党员先锋模范作用的典型。包括双星、海湾、澳柯玛的转型升级，海尔、海信的科技研发，港口、机场的争创一流，青啤等的市场开拓。

还特别倡导市直大企业以党中央表彰改革先锋为契机，树立双学目标，干部学张瑞敏、员工学许振超。

国资国企四大变化

强"根"固"魂"促发展。2018年初,国资委党委在向市委常委会的述职中,专门汇报了近年来青岛国资国企出现的四大变化。

班子的大调整。党的十八大前,市直大企业主要领导人员年龄大多在60岁以上。市委坚持把政治标准放在首位,通过组织选拔和市场配置相结合,先后调整充实了32家市直大企业领导班子。一大批八九十年代大学毕业、政治素质高、业务能力强、年富力强的优秀人才走上了主要领导岗位。名牌大企业、政府平台公司和城市公益类服务类企业,全部后继有人。

企业的大搬迁。全市有100多个企业从老城区外迁,全部实现了转型升级,前湾港、新机场、双星、海湾等都是焕然一新。黑灯码头、黑灯工厂、黑灯车间、黑灯流水线,都代表了当今世界最先进水平。

职工的大稳定。国有企业的信访量从6年前占全市的50%下降到1%。特别是,青钢一次性转岗一万多人,海湾、红星也近一万人,其过程非常平稳。国家和省、市信访部门都对此给予了充分肯定。

国资的大变革。改革先从国资委自身改起,通过简政放权、放管结合和优化服务,从原来的管人、管事、管资产这种无所不能的状态,转到了服务这个根本上。并坚持一企一策,攻坚克难,每年都与企业一起解决一些涉及企业生存和长远发展的重大问题,不给后人留麻烦。

这些年来,一方面,大企业效益稳步上升,在全国37个省级监管机构中,连续3年经济效益超过30个以上省、区、市,保持在前7位。

另一方面,企业风险逐年下降,连续3年没有发生大的金融风险,没有发生大的职工群访,没有发生大的安全生产事故,没有发生大的环境污染问题。

青岛大企业发展的经验证明,企业党的建设决不是可有可无的,也决不能与生产经营搞成两张皮。党建实,则企业兴;党建虚,则企业衰。

2017年10月,习近平总书记在全国国有企业党的建设工作会议上发表的重要讲话,更解除了我们多年的一些困惑。特别是在社会主义制度下,国有企业公司治理如何推进,方向更加明确了,思路也更加清晰了。

2018年这一年,借全国国有企业党的建设工作会议的东风,在市直大企业和国资委机关一些培训班上,我们也反反复复讲了多次有关的思考,主要是六个问题。

国有企业要还是不要

习近平总书记指出，国有企业是中国特色社会主义的重要物质基础和政治基础，关系公有制主体地位的巩固，关系我们党的执政地位和执政能力，关系我国社会主义制度。

一段时间以来，社会上一些人制造了不少针对国有企业的奇谈怪论，大谈"国有企业垄断论"，宣扬"国有企业与民争利""国企是不堪的存在"，鼓吹"私有化""去国有化""去主导化"，操弄所谓"国进民退""民进国退"等话题。特别是各种敌对势力和一些别有用心的人，拿国有企业说事，恶意攻击、抹黑国有企业，宣扬"国企不破、中国不立"，声称"肢解"是国有企业改革的最佳方式。这些人很清楚国有企业对党执政、对社会主义制度的重要性，想搞乱人心、釜底抽薪。

前几年，青岛也有过这样的情况，其中有一个观点，就是国有企业改革归根到底是产权制度改革。乍一听很有道理，但仔细一分析，其实就是私有化，就是化公为私，很可怕。

我们认为，他们

青岛啤酒大厦

这些人，醉翁之意不在酒。决不能认为这只是一个简单的所有制问题，或者只是一个纯粹的经济学问题。那就太天真了！他们很清楚国有企业对党执政、对坚持社会主义制度的重要性，而我们很多同志看不清楚，想不明白。

经济基础决定上层建筑，没有了经济基础，上层建筑就不牢固。

青岛没有跟风，大的国企都保留下来了。当然在这个过程中也遭受了很大的非议，承受了巨大的压力。当时，有的专家提出要"靓女先嫁"，先把效益好的国有企业名单拿出来，并且制定时间表和路线图，逐步退出。一时间风风雨雨，争议很大。

现在看来，国有企业幸亏没有全退。海尔、海信、青啤这些大企业保留了下来，而全国其他地级市、县级市的国企基本上都退了，有的地方甚至连交通枢纽都改成个人的了，这很可怕。现在全国国企还比较成型的，只剩下了央企、省企、直辖市和部分副省级城市的国有企业，而地级市和县级市很少有国企了。

青岛这座城市，山好水也好，都是大自然给予的，是老祖宗留下的。而海尔、海信这些大企业，是共产党人自己创造出来的，是全市经济社会发展的真正主力军。从2008年奥运会前清理浒苔，到2018年上合组织青岛峰会有关保障任务的执行，都是市直大企业不讲条件、不计代价，讲责任、敢担当，冲在前面扛着大梁。

所以，无论是过去、现在，还是将来，海尔、海信这些公有制企业，不仅要有，而且一定要千方百计、竭尽全力维护好、发展好。

国有企业要不要加强党的建设

习近平总书记深刻指出，办好中国的事情，关键在党。坚持党的领导，加强党的建设是国有企业的"根"和"魂"，是我国国有企业的独特优势。国有企业党的领导、党的建设只能加强、不能削弱。

曾经有一些别有用心的人也看到党的领导是国有企业的力量所在，打着维护市场经济的口号，否定党对国有企业的领导，宣扬"党组织必须无条件搬出企业"。这说明他们也知道，只要党的领导在、党的组织在，他们想要搞垮国有企业是根本做不到的！

现在看来，如果把国有企业搞小了、搞垮了、搞没了，公有制的主体地位、国有经济的主导作用还怎么坚持？工人

青岛港生产一线党小组组织党员学习

阶级的领导地位还怎么坚持？共同富裕还怎么实现？党的执政基础和执政地位还怎么巩固？中国特色社会主义还怎么坚持发展？

回顾青岛国企发展的历程、取得的成效，靠的就是始终坚持党对国有企业的领导、坚持在国有企业加强党的建设。

从全国的情况来看，按照国务院国资委发布的数据，2012年，在全部省级和计划单列市国有资产监管机构相关指标排序中，青岛国有企业资产总额排在第20位，利润总额排在第14位。到2018年，青岛国有企业资产总额排位提高到第10位，利润总额排位提高到第7位。

从青岛自身的情况来看，2018年，企业国有资产总额为19092亿元，比2012年的4224亿元增加14868亿元，增长4.51倍；利润总额为433亿元，比2012年的132亿元增加301亿元，增长3.28倍。

改革开放40年来，国有企业在全市经济社会发展中发挥了主力军作用。这里面最重要的一条，就是坚持党的领导和加强党的建设。其实说到底，国企姓"党"，加强国有企业党的建设，始终都要牢牢抓在手上，一时一刻不能放松。

我们追求的目标，就是通过加强党的建设，把国有企业发展好，真正实现习近平总书记所要求的，坚持党的领导，使国有企业成为党和国家最可信赖的依靠力量，成为坚决贯彻执行党中央决策部署的重要力量，成为贯彻新发展理念、全面深化改革的重要力量，成为实施"走出去"战略、响应"一带一路"倡议的重要力量，成为壮大综合国力、促进经济社会发展、保障和改善民生的重要力量，成为党赢得具有许多新的历史特点的伟大斗争胜利的重要力量。

如何解决部分国有企业党的建设薄弱的问题

现在，确实有不少国有企业存在"只抓业务不抓党风、只管发展不治腐败"现象，贯彻执行党的方针政策不坚决、不全面、不到位，管党治党不担当。归结起来，就是不同程度地存在党的领导、党的建设弱化、淡化、虚化、边缘化问题。

弱化问题，主要是指党的领导、党的建设不落实。有的企业以党政联席会、总经理办公会取代党组（党委）会，研究决定"三重一大"事项。

淡化问题，主要是对党建工作不过问、不研究，甚至有的境外分支机构成了"脱缰的野马"，导致国有资产流失。

虚化问题，主要是从严治党不力，有的企业党组织有名无实。

边缘化问题，主要是企业党的建设和企业改革发展"两张皮"，企业党组织软弱无力。

从我市情况看，存在的具体问题也非常突出。

一是个别企业大局意识不强，党委领导核心作用发挥不到位。在承担全市重大项目、重大工程建设过程中，当企业自身利益与全市大局利益发生冲突时，喜欢打小算盘算小账。

二是个别企业党组织党内监督不力，主体责任不到位。有的政府部门下属企业"三重一大"决策违反程序,绕开监督，党内监督不够有力。通过监事会年度监督检查还发现，有的政府投资公司金融板块存在风险、重大项目建设遗留债务负担较重、公共服务类企业存在财政补贴依赖性大等问题。

三是少数企业党建工作与生产经营结合不够，党建引领发展作用不到位。少数公益类企业党组织仍然存在就党建抓党建的问题，党建工作与企业发展结合不够紧密，对企业发展的推动作用不明显。

四是基层党建难点问题需进一步突破。如破产重组企业、经营困难企业的党组织组织生活不经常，埠外、境外所属企业党组织不够健全，新设立企业有的未能及时设立党组织等。

以上问题必须下功夫解决。整改的重点是：

一是讲政治，全力解决政治站位不高、党性觉悟不强的问题。狠抓思想政治建设，加强教育培训，提升政治站位，使市直企业领导干部牢固树立政治意识、大局意识、核心意识、看齐意识。

二是立规矩，全力解决规矩意识不强、纪律观念淡薄的问题。顶层架构，为市直企业全面从严治党提供遵循。制度保障，把党的领导融入企业法人治理。程序设置，指导市直企业落实重大决策事项，党委会研究讨论前置程序。即时监督，赋予监事会监督企业党风党纪有关职责。

三是压责任，全力解决一手硬一手软、党的建设履责不力的问题。把全面从严治党和党建工作列入企业负责人综合考核评价体系，并作为加减分的重要因素，与薪酬直接挂钩。同时，坚持谈心谈话，坚持述职考评，坚持责任落地，发现问题及时督促整改。

四是抓整治，全力解决监督不到位、整改乏力的问题。

坚持把纪律和规矩挺在前面，强化红线意识和底线意识。严格落实中央八项规定，严格执纪问责，严肃整治"四风"。

五是破难点，全力解决党风廉政建设和基层党建工作中的重点难点问题。完善风险防控，开展廉政风险大排查。实施项目突破，聚焦全面从严治党和党建工作难点。健全基层组织，实现党的建设全面覆盖。

处理好党的领导和公司治理的关系

习近平总书记讲，中国特色现代国有企业制度，"特"就特在把党的领导融入公司治理各环节，把企业党组织内嵌到公司治理结构之中，明确和落实党组织在公司法人治理结构中的法定地位，做到组织落实、干部到位、职责明确、监督严格，不能搞摆设。党对国有企业的领导是政治领导、思想领导、组织领导的有机统一，放弃或忽视其中任何一点，都不可能实现党的领导。

从青岛的情况看，这些年来国有企业为什

2019年1月3日，青船党委总装涂装党支部的党员们发挥模范带头作用，在QDZ516船交船前对机舱卫生进行清理

么能健康发展,就是因为坚持党的领导,而不是单纯的公司治理。青岛的市直大企业都是国有体制、民营机制,再加上有效激励。国有体制就是党的领导,民营机制就是最大的经营自主权,有效激励就是根据贡献大小给予报酬。

从改革开放40年的情况看,青岛市直大企业始终能够立于不败之地,就是因为企业不仅有了最大的自主权,而且很重要的还有党的政治优势和公司治理优势的全面结合。国外企业的员工,一旦所在的企业出了问题,就会被简单地推向社会。但市直企业不一样,通过党的领导,都会尽最大努力把职工安置好。国有企业好不好,老百姓心里有一杆秤。现在,许多老百姓都想尽一切办法把孩子送到国有企业去工作,因为他们觉得国有企业可靠。

下步的重点,就是着眼于发挥国有企业党组织的领导核心和政治核心作用,实施"四个对接",把加强党的领导和完善公司治理统一起来,更好地把方向、管大局、保落实。

一是实行体制对接。旗帜鲜明地把党建工作写入国有企业公司章程,作为企业内部根本大法。全面推行"双向进入、交叉任职"的领导体制。党员董事长、总经理进入党委,符合条件的企业党委书记、董事长由一人担任,董事长和总经理原则上分设,由党委副书记兼任总经理。同时,把符合条件的党委成员通过法定程序安排进董事会、经理层和监事会,保证党的领导、党的建设在市直企业改革发展中得到体现和加强。

二是实行机制对接。过去企业"三重一大"事项都是由董事会研究决定，然后党委、经理层和监事会分头去办。现在是把党委研究讨论作为重大决策前置程序，企业在作出重大决策前，必须先召开党委会统一认识，再召开董事会，充分体现党组织的意图。

三是实行制度对接。过去是党委、董事会、总经理、监事会4个工作细则并列，现在是以党委工作细则为统领，还包括董事会、总经理、监事会的"1+3"工作细则。"1"就是把党委工作细则单列出来，进一步强化党委的领导核心和政治核心作用；"3"就是把董事会、总经理和监事会3个工作细则作为配套。

四是实行工作对接。坚持抓班子、带队伍，围绕企业改革发展抓党建，把抓业务与抓党建紧密结合起来。严格落实"一岗双责"，实现两手抓、两促进。把党建工作融入企业生产经营，党建目标与生产目标一起抓，引导党员干在实处、走在前列，发挥好先锋模范作用，为企业创新发展集聚正能量。

建设高素质国有企业领导人员队伍

习近平总书记指出，国有企业领导人员是党在经济领域的执政骨干，是治国理政复合型人才的重要来源，肩负着经营管理国有资产、实现保值增值的重要责任。把这支队伍建设好、用好、管好，对国有企业坚持党的领导、加强党的建设，对做强、做优、做大国有企业至关重要。

可以说，企业的竞争实质上就是企业家的竞争。20世纪90年代以来，伴随着海尔、海信、青啤、双星等知名企业和名牌产品的闻名世界，青岛也涌现出了一大批优秀企业家，成为"青岛现象"的精髓。

现在进入了新时代，深入研究并遵循新形势下企业家成长规律，建设好企业家队伍，对做强、做优、做大国有企业非常重要。

一是在管理方面，继续坚持与时俱进，紧紧围绕促进生产力的发展，不断调整企业领导人员管理体制，努力为企业家成长开辟更广阔的空间。20多年了，青岛一直对企业领导人员实行分类分层分级管理，不再套用行政级别。对于竞争性企业，市委只负责管理主要领导人员，经营班子副职都由企业自己任用、管理，赛马不相马，与经营业绩直接挂钩，这些都为企业领导人员的锻炼成长创造了条件。

二是在选拔方面，坚持以德为先，能人里面选好人，谁能被市场所接受就用谁。通过选拔一个又一个在市场竞争中

青岛港集装箱桥吊

立于不败之地的精英,逐步造就一个优秀企业家群体。近年来,市委对企业主要领导人员进行了调整,可以说是长江后浪推前浪,一大批新人走上了主要领导岗位,使市直大企业后继有人。未来5年、10年,甚至更长的时间,企业发展的最大问题解决了。过去老百姓讲,手中有粮、心中不慌,现在我们手中有人才,再遭遇更大的风浪,不仅不会害怕,反而更有信心了。

三是在培养方面,坚持让成功者更成功,让年轻人站在巨人的肩膀上往前走,精耕细作,从"小一把手"当中培养"大一把手"。前面也讲过,从青岛多年的情况看,优秀企业家基本上都是从基层一把手干起来的。其实一般的企业一把手与大企业集团的一把手,他们的管理幅度基本上是一致的,不同的就是一个管理深度的问题。因此,这么多年来,一直坚持从效益好的基层企业一把手当中培养大集团的一把手,也就是让成功者更成功。

四是在激励方面,坚持着眼长远,从政治、物质、事业、精神等多方面对企业家进行综合激励,把短期行为变为长久的、个人自发的、具有高度责任心的原动力。实施了国有股权收益增量分享激励,把国有股权的所有权与收益权分开,采取"不动存量、分享增量"的方式,既保证了对企业的国有控股地位,又激励企业家干事创业,企业的发展动力更足了。

五是在监督方面,监督其实是很好的爱护和保护。始终坚持把保护寓于监督之中,从出资人的角度,建立健全一套比较有效的监督体系。通过经常性的和及时的红脸出汗、咬耳扯袖，企业领导人员不仅能干事、干成事，还要不出事，保证企业家和企业的健康成长。

海尔集团把党支部建在小微上。在青钢集团职工分流和青岛造船厂破产重整过程中，党的建设发挥关键作用

习近平总书记指出，党的基层组织是党在社会基层组织中的战斗堡垒，是党的全部工作和战斗力的基础，这个地位是党章赋予的。全面从严治党要在国有企业落实落地，必须

海尔集团党委组织学习习近平总书记讲话精神

从最基本的东西抓起，从基本组织、基本队伍、基本制度严起，在打牢基础、补齐短板上下功夫，防止"沙滩流水不到头"。

中国共产党能够发展壮大，很重要的一点就是把党支部建在连上。海尔集团通过把党支部建在小微上，实现了党建工作与企业转型相适应，保障了党的路线方针政策落实在终

端。在老青钢安置分流万余名职工的过程中，党支部发挥了非常大的作用，使得整个过程非常平稳。

在青岛造船厂破产重整事件中，为什么一个全国的反面典型能够转化为全国的正面典型？其中起决定作用的，还是党的建设。

2019年3月12日，最高人民法院院长周强在十三届全国人大二次会议第三次全体会议上所做的报告中，专门肯定了"妥善审理青岛造船厂等一批资产规模大、职工人数多的企业破产案件"。这既是对青岛市法院工作的充分肯定，也是对青岛国企党建工作的充分肯定。

青岛造船厂原是一个国有企业，于2010年改制。改制后，该厂由民营企业控股78.57%，青岛国企华通集团持股21.43%，主要从事军工造船业务。改制后的企业党组织形同虚设，不起作用。本来军品生产的节奏比较正常，但是大股东感到赚钱太慢，又投入大量资金建大船，后来受国际航运市场下滑的影响，发生船东弃船事件。到2016年，企业欠职工工资和农民工劳务费1.2亿多，10多艘军用、警用和公用船只严重拖期，销售没有着落。大股东也没有办法，一拍屁股什么也不管了。

一时间烽烟四起。部队方面包括总装、海装、海警、边防等来函来人，到企业找不到人，就轮番到省、市、区委质询。职工拿不到工资，集资建房半途而废，特别是因工伤死亡职工的家属哭天喊地、义愤填膺，社会影响很大。债权人成百上千地在法院聚集，还要组织到市委、市政府上访，甚至集中了大量人员准备到企业抢东西。根据有关反映，全国工商联又把造船厂案件列为全国侵犯民企权益的两大反面典型之一，专门派出职能部门主要领导带队来青调查核实。公安、法院也多次接到职工举报企业经营者挪用公款、涉嫌犯罪等线索。

面对异常复杂的局面，开始时，省、市、区三级有关部门干着急，无从下手。参股的国有企业华通集团，根据领导指示出面处理，却难以破题。

后来，国资委党委和华通集团党委经过反反复复的研究讨论，终于找到了一个突破口。青岛造船厂虽然改制了，但是党组织关系仍然隶属于华通集团党委。先从党组织管理的角度插进去，这是所有相关方都否定不了的。随后，我们专门委托党委书记负责，把企业党委班子和工会都健全起来，然后每个车间都恢复党支部，每个班组都恢复党小组，

2019年5月10日，20.6万吨散货船1号船下水出坞

2019年5月9日，最后两条缉私艇交船

每一个党员联络五六名职工，如此一来，管理网络一下子形成了。

企业党委班子健全以后，党委成员分兵把口。有的抓紧组织军工生产，有的专门负责职工稳定，有的全身心与大股东谈判，有的多方筹集资金，还有的依纪依规处理了一些涉嫌违规、违纪问题。上上下下齐心协力，不到一周，全厂职工都回来了，半月之内军工生产开始恢复了。"支部建设在连上"，这是毛主席教导的办法，太管用了。

经过多方共同努力，华通集团与大股东达成了重整协议。2018年5月14日，青岛市中级人民法院正式裁定重整计划。本来一个一损俱损的风险，变成了一个一盈多盈的局面。现在看来，这其中起决定作用的内因就是企业党的建设。

最终结果，从军品生产角度看，所有的任务都按期顺利完成；从职工群众角度看，赖以生存的工作岗位都真正保住了；从原来的大股东角度看，风险处理了，企业和经营者都安全退出了；从华通集团角度看，一个造船厂破产重整成功了，还引来了许多高端的军民融合大项目；从国资委监管的角度看，国有资产不但没有流失，反而实现了较大的增值；对司法机关来讲，重整计划的裁定，受到了国家最高层级的肯定，这是一个比较高的荣誉。特别重要的是，青岛造船厂破产重整案件，发生在上合组织青岛峰会紧张的筹备期，本来预计是一个较大的隐患，但是由于处理得当，没有对峰会安保工作产生任何不利影响。

8

经营者之家
——青岛市企业经营者评荐中心和
青岛市企业家促进会

从青岛海尔路经过的时候，人们不经意间就会发现，在林立的高楼当中，有一组与众不同的红砖建筑，它的建筑风格与国外的一些世界名校非常相似。这里曾经是组织工作走向企业、走向社会、走向世界的窗口和载体——青岛市企业经营者评荐中心和青岛市企业家促进会。

青岛市企业经营者评荐中心和青岛市企业家促进会的起因

E&R,是青岛市企业经营者评荐中心的英文缩写,是评价和推荐的意思。1998年7月,为了适应中国加入世界贸易组织以后的形势,适应国有企业和其他所有制企业经营者合理流动和优化配置的需要,市委专门下发了《青岛市企业经营者评荐中心组建实施方案》。

指导思想是在坚持党管干部原则的前提下,本着选贤荐能、科学公正的精神,通过组建"评荐中心",逐步引入市场

青岛市企业经营者评荐中心

青岛市企业家促进会台湾研习交流班

机制,运用先进科学的服务手段,为国有、集体和其他所有制企业和经营管理人才的双向选择提供服务。工作目标是立足青岛,面向山东,联系全国,辐射海外。

青岛市企业家促进会成立于2004年8月。市委组织部发起的初衷,也是想整合一下资源,为全市企业和企业家做一些单个企业没有条件搞或者没有精力搞的事情。

目的就是组织大家探讨,当社会面临变革的时候,怎么样才能把一个优秀的青岛企业、山东企业,变成卓越的国家级、世界级的企业;怎么样随着竞争环境的改变,不断提升自己,不断改变自己,不断适应新的挑战,真正成为一个卓越的企业。

首批会员共有150人,包括市直大企业、中央驻青企业、省属和外省市驻青国有企业、股份制企业和民营企业、外资企业负责人。成立大会由市委副书记主持,市委常委、组织部部长做筹备工作报告。大会通过了海尔张瑞敏为名誉会长,青岛港常德传为会长，市委、市人大、市政府、市政协主要领导同志和市委副书记，市委常委、组织部部长，市政府分管副市长等7人为促进会特邀顾问。

市委副书记、市长在会上宣布了市委、市政府《关于进一步激励企业经营者干事创业的若干意见》，市委书记代表市委、市政府讲话。随后，中央组织部干部五局负责同志做了题为"今天需要什么样的企业家"的报告，得到与会同志高度评价。

市委要求，企业家促进会至少要发挥三个方面的作用：

一是创造提供学习的机会，把促进会办成一个企业家的讲习所。通过学习，可以更多地看到自己的不足，在国际范围内寻找自己学赶的目标、竞争的对手和合作的伙伴。

二是创造高层交流的机会，把促进会办成一个企业家的俱乐部。通过企业和企业经营者之间相互交流力度的加大，凝聚企业家群体的智慧，实现企业和企业家之间的优势互补，

市领导率青岛企业家代表团赴台交流

推动产业集群化，达到共同发展的目标。

　　三是创造与市委、市政府密切沟通的机会。把促进会办成一个企业家与市委、市政府联系的直通站。一方面，把地方党委、政府的信息和精神直通企业和企业经营者；另一方面，把企业和企业经营者的愿望、需求直达市委、市政府和主要领导同志。及时为他们排忧解难，落实"企业开单，政府跑腿"的要求。还有特别重要的是，通过挂靠组织部门的优势，在党员中培养企业家，在各类所有制企业经营者当中发展党员。

政策支持的平台

　　企业的意见，通过这个渠道及时向市委、市政府汇报；市委、市政府的要求，通过这个渠道及时向企业传达

　　为市委、市政府起草《关于进一步激励企业经营者干事创业的若干意见》

　　物质激励、产权激励、事业激励、政治激励、其他激励

青岛市企业经营者评荐中心和青岛市企业家促进会的成立，在市委、市政府和各类所有制企业之间架起了一个桥梁。企业的意见，通过这个渠道及时向市委、市政府汇报，市委、市政府的要求，通过这个渠道及时向企业传达。

由于与企业接触比较多，对企业情况掌握比较透，提出的意见、建议针对性也比较强。市委、市政府发布的《关于进一步激励企业经营者干事创业的若干意见》，就是评荐中心根据市领导的要求起草的。该文件在促进会成立大会上宣布之后，受到与会企业家和社会各界的高度评价。

为了起草好这个文件，评荐中心的同志专门到32户市直大企业和22个市直部门征求意见，认真听取有关专家的建议，

经过半年多的反复修改最终完成。

《意见》起草中遵循的指导思想有：

一是坚持"三个立足点"。即认真贯彻党中央、国务院和省委、省政府有关文件精神，积极借鉴上海、深圳等先进城市好的经验，并吸收采纳了我市有关部门和企业已有的好做法。

二是坚持"五个结合"。对企业经营者的激励，坚持以人为本与依法办事相结合，坚持政府指导与企业分类实施相结合，坚持经营者收入与长期业绩相结合，坚持物质激励与精神激励相结合，坚持激励和约束相结合。

三是坚持"六个考虑"。既考虑企业经营者的眼前利益，也考虑长远利益；既考虑在职时的利益，也考虑退休后的利益；既考虑经济利益，也考虑健康保健、人身安全、政治地位等，让企业经营者在做大做强企业的同时，能够充分体现个人价值和实现个人最大限度的发展。

《意见》适用的范围：全市各类所有制企业，包括国有、集体、民营、混合所有制、外资企业等，只要产权清晰，发展健康，机制完善，守法经营，在经营业绩、产业升级、品牌知名度、上缴地方税收、创造就业岗位等方面做出贡献的，都可以依照这个《意见》落实。

主要从五个方面对企业经营者实行激励：

一是物质激励。完善了年薪制，建立了补充医疗保险和企业年金制度。特别是为那些业绩突出且任职年限较长，因组织调动或正常退休的优秀企业经营者，设立了特别贡献奖。

二是产权激励。主要设计了股权奖励、优惠购股和期权激励3种形式。目的是对业绩突出的经营者,在年薪制的基础上进一步加大激励力度。

三是事业激励。包括支持经营者做强做大企业、完善市级领导联系企业制度、加强政府与企业经营者的双向沟通、搭建企业经营者交流合作和发展的平台、鼓励企业经营者参加高层次培训、保持经营者任职的相对稳定、简化大企业经营者出入境办理手续等7个方面的内容,为企业经营者干事创业、加快发展创造良好的条件。

四是政治激励。对贡献特别突出,并且上缴地方税收较多的经营者,市政府授予"杰出企业家"荣誉称号,也可以给予记功等奖励;对长期贡献突出、任职年限较长的企业经营者,在其退休时,可授予"功勋企业家"称号。在吸收非公有制企业经营者优秀分子入党问题上,要求各区(市)党委要按照有关规定,制订计划,采取措施,抓好落实。

五是其他激励。包括营造良好的舆论环境,加强对企业经营者的安全保障,对做出突出贡献的优秀企业家给予优诊医疗保健待遇。

市领导为优秀企业家颁奖

开阔视野的平台

　　市内交流，于春节前召开的青岛市优秀企业家新春座谈会

　　面向社会，由青岛电视台直播的"青岛企业家年度观察"

　　走向世界，与国际经贸组织、世界各国大企业和经济发达国家一些重要城市商会的交流与合作

丰富多彩的高层交流，对开阔企业家的视野起到了很好的作用。评荐中心和企业家促进会每年都要举办一系列活动。市内交流的，有于春节前召开的优秀企业家新春座谈会；面向社会的，有由青岛电视台直播的"青岛企业家年度观察"；走向世界的，有组团参加世界华商大会、联合国贸发会、中非合作论坛等。

青岛市优秀企业家新春座谈会。这个会市委、市政府办了12年，多数都是在青岛市企业经营者评荐中心举行。每年市委书记、市长、市人大主任、政协主席和市委副书记、市委组织部部长、分管企业的副市长都要出席，并与到会企业

青岛市优秀企业家新春座谈会暨"贯彻科学发展观,实现大企业又好又快发展"研讨会

家合影留念。市直大企业、驻青央企、民企、外企主要领导人员,不管业务多忙,不管是在外地还是在国外,接到通知的都能回来参加。大家欢聚一堂,辞旧迎新,每年都围绕经济形势和企业发展,选择一个主题进行讨论。

优秀企业家新春座谈会,充满了比学赶帮超的氛围。2005年,针对央企大项目接二连三开始落地的大好形势,市委、市政府春节前召开了青岛市优秀企业家新春座谈会暨与国家大公司和世界500强合作发展青岛经济研讨会。2009年,针对国际金融危机的不利形势,春节前召开了青岛市优秀企业家新春座谈会暨坚定信心、科学发展研讨会。2010年会议的主题是"转方式、调结构、创新谋发展",2011年会议的主题是"变革、机遇、发展"。

参加每年的优秀企业家新春座谈会,对企业领导人来讲,既是荣誉,也是压力和动力。他们每年都要讲一下自己企业的情况,每年都要有新气象,每年都要有新目标。如果今年企业发展不好，你在大家面前就很没有面子。

青岛企业家年度观察电视片。借全国国有企业领导班子思想政治建设工作会议在青岛召开的东风，从 2005 年开始，青岛市委组织部和青岛电视台每年都要在元旦、春节和青岛两会 3 个重要时间，在新闻联播之后的黄金时段，连续 3 天，连播 3 集"青岛企业家年度观察"，以展示青岛大企业每年的探索、思考和取得的成绩，鼓舞全市企业奋发向上的士气。

2009 年的"青岛企业家年度观察"，讲述了青岛企业一年来的冰火两重天。一方面，国际金融危机给青岛发展外向型经济带来严重的不利影响；另一方面，中央领导同志亲临青岛，给青岛企业送来了春风。

温家宝同志当年 1 月 1 日在海尔讲，"再告诉你们一个好消息，今年国家投入家电下乡的补贴，将从当年的 90 亿元，增加到 150 亿元。"国家家电下乡、汽车下乡政策对青岛市家电企业和汽车企业战胜困难起到了关键的助力作用。特别是对生产经营一度下滑的澳柯玛而言，如同久旱之后恰逢甘霖，当年的收入和利润分别增长了 30% 和 150%，企业越过了一个大坎。

青岛市企业界的国际交流。山外有山，天外有天。青岛市企业家促进会成立以后，还加大了与国际经贸组织、世界各国大企业和经济发达国家一些重要城市商会的交流与合作：先后组团到日本、韩国等参加世界华商大会；到非洲参加联合国第十二届贸发大会、世界投资论坛和中非民间经贸论坛；赴俄罗斯、巴西与当地商会和大企业进行交流；赴印度与具有全球影响力的印度国家信息技术学院以及塔塔集团进行交流和商务合作；赴新加坡与淡马锡公司就国有企业监管与国有资本运营进行学习和研讨。

先后三次，市委、市政府领导带队赴美国参加西半球企业家大会等一些活动，并与休斯敦大商会、迈阿密拉美商会、中美洲工商会和得州仪器、朗讯和贝尔实验室、英特尔、甲骨文、高通、惠普、思科、超威等大公司进行了深入交流，取得了丰硕成果。

世界顶尖的技术与研发、跨国公司的管理与发展、国有控股企业的管理与市场运作、"走出去"的挑战与商机等，对这些题目的考察让青岛市企业家开阔了眼界，学习了经验，增强了参与国际竞争的信心与决心。

继续学习的平台

面向全社会的创业论坛
与美国伊利诺伊大学合作举办年轻干部培训班
EMBA 为全省、全市各类企业董事长和总经理充电

创业论坛，讲述创业精神。促进会连续多年来，每月都要邀请一些国内外知名企业家，来青讲述创业的苦与乐和经验教训。

听众既有企业家促进会会员，主要是一些大企业负责人，也有工商联、民营企业协会的一些中小企业会员，还有社会上有志于创业的市民，主要是一些年轻人，包括一些在校的大学生。只要出示身份证，就可以免费取票。授课人与听众互动，提问、交流都比较热烈，有时座位不够，有的坐在走道上，有的站在最后边。

企业家的到来，也是商机的到来。微软中华区总裁来青介绍了微软发展与世界信息技术产业的前景，并牵线搭桥推进市南软件园的建设与发展。得州仪器亚洲区总裁介绍了模拟和数字两种技术力量的结合，使得州仪器上演了一个"王

者归来"的故事。我国台湾学者曾仕强讲述了从中西管理思想比较到中国式管理。恒源祥董事长讲述了老字号"返老还童"和"羊羊羊"品牌经营之路。联想全球总裁讲述了联想与IBM"蛇吞象"的故事：年收入30亿美元的企业成功收购了年收入100亿美元的企业。

创业的艰辛贯穿于企业发展的全过程。东方希望集团董事长刘永行来青讲课前，多次问，你们想让我讲什么？开始时告诉他讲讲创业史、讲讲经营管理等。后来，感觉他老是吃不准，直接与他商量，还是单刀直入吧，就讲你吃过多少苦，流过多少泪，遭过多少罪，倒过多少霉。他说，这样我就好讲了，我有亲身体会。一大礼堂满满的都是人，座位上满了，中间过道也坐满了，后边挨着墙也站满了人。

刘永行讲，开始时他们兄弟四人，都在机关、学校和国企、事业单位工作，收入挺少，家庭生活也比较艰苦。有一年回家过春节，他们那个地方鹅肉比猪肉便宜，为了省钱，他们

青岛市第二批赴美年轻干部培训班

夫妇就买了一只大鹅，准备养几天杀了过年。那个时候他儿子还小，和这只大鹅玩得挺好，哭着不让杀。后来，养了几天，大鹅跑丢了。他们夫妇情绪非常低落，正好这个时候有人找他修电视，一家修好了，一家又来了，节前节后还真挣了不少钱。春节团聚时，兄弟四人一商量，还是一块下海吧。

创业的过程，是痛苦的过程，是苦中作乐的过程，也是充满希望的过程。刘永行讲话结束，听众围着不让他走，现场问答延续了很长时间。刘永行在青期间感受到了青岛的热情，后来他也帮助和推动了他弟弟投资控股青岛的六和集团。

青啤的董事长课后说，就是想亲耳听听中国这些大民企是怎样发展起来的。现在看来，国企有国企的难处，民企有民企的难处。国企约束多，民企支持少，要想成功都是很难的。

建设国际化的城市，培养国际化的人才。1998年，作为

赴美学员在伊利诺伊大学合影

市委组织部第一个参加赴美考察培训的干部，我最大的收获就是搞清楚了组织我市年轻干部赴美培训的途径和方法。

1999年，部领导带领评荐中心的同志专门赴美国西部、中部和东部三所大学进行了考察。经国家外专局和市委、市政府批准，美国伊利诺伊州立大学被确定为青岛市年轻干部赴美进行工商管理培训的合作方。国家外专局资助了30%的费用。随后，省委组织部也专门来青了解有关情况，接着省里在全省范围内选拔年轻干部，组织了较大规模的赴美培训。

开阔了视野，增长了才干。青岛市年轻干部赴美培训班先后举办了四期，参加人员近百人，部分是市直经济管理部门和区市分管领导，另一部分来自市直大企业，还有四方机厂、青岛远洋等驻青央企。主要选拔条件为45岁以下，大学以上学历，政治素质好，业绩突出，发展潜力比较大，英语基础较好，通过中国国际化人才外语考试。

现在看来，参加培训与没有参加培训大不一样。参加赴美培训的这些同志，后来基本上都走上了市直单位正、副职以上领导岗位，有的还获得了国家科技进步奖和青岛市最高科技大奖。

新知识、新热点对青岛影响深远。每一批学员回国后都给我们讲了很多新东西，20年过去了，现在看来有的还很新鲜。比如当时讲的供应链，现在也是我们正在做的事情，把供应商、制造商、经销商，直到最终用户，都连到一起。比如金融企业的改革重组，压缩大企业贷款；市场营销的全球化，企业的跨国经营和商品的跨国生产；电子商务走进千家万户，

青岛企业家与美国考察团合影

还有因此而来的税收解决方案,等等。

学员们还深度了解了美国社会,通过走进一些国际跨国公司,走进一些政府机构,走进一些教授和老百姓家庭,了解了美国的家庭文化、商场文化,特别是亲身感受到大学和一些科研机构的学术氛围,为后来在重要岗位上的工作打下了厚实的基础。

EMBA,为董事长和总经理充电。 2002年,国务院学位委员会决定,参照国际通用做法,选择清华、北大、南开等6所教学水平比较高的大学,开展高级经理人员工商管理硕士(EMBA)学位教育。青岛市委组织部当时考虑,我市大企业高级经理人员的工商管理水平,与入世后城市经济发展要求还有较大差距,所以主动与南开大学联系,合作开展EMBA教育。活动历时12年,共举办了11期培训班。每期30人左右,共有300多名省、市直属大企业、驻青央企和中小型民营企业高级管理人员参加培训。

培训班里人才济济，学员层次较高。省委组织部非常重视和支持，选派了山东鲁信、山东黄金、鲁商、华鲁、兖矿、能源、粮油、新矿、莱钢、中国重汽、烟台万华等省属大企业董事长、总经理参加。青岛有青啤、澳柯玛、机械、纺织、化工、橡胶、医药、交运、国信、企发、商业、建设、钢铁等市直大企业的年轻的董事长、总经理，烟草、邮电、电业、银行等驻青央企高管，高校软控、银海、特汽等民企负责人。

互动式的案例教学，面向国际竞争的问题研讨。EMBA每月安排4天上课，占用周六、周日两个休息日，再加上周五和周一前后两个工作日。学员们的学习热情非常高，不管雨雪风寒，也不管高温酷暑，出勤率都在90%以上。

具有国外或境外较好EMBA教学声誉的授课老师占了30%以上，有企业实战经验的占80%以上，国际国内著名高校毕业的博士占50%以上。现代MBA发源地，美国宾夕法尼亚大学沃顿商学院的教授、华人中国式管理第一人曾仕强教

青岛市第四批赴美年轻干部培训班

授等，都亲临青岛企业经营者评荐中心为学员答疑解惑。

　　常来常往中，许多外地学员也成了青岛市民。在11期300多名EMBA学员中，有100多人来自省内其他地方。两年的时间里，由于每个月都要来青岛学习，他们认识了青岛，熟悉了青岛，对青岛也充满了感情。后来遇见，他们讲起青岛都头头是道，有些情况我们还不知道，他们却很清楚。他们中的许多人，都在青岛买了房子。他们旗下的大部分企业都在青岛设立了项目和分支机构，包括一些省属大企业和省内其他地方的一些民营企业。我想对于青岛来讲，这也可能是一个额外的收获吧。

选才荐能的平台

青岛市优秀人才推荐月的成果,使用了20年

组织部也能出效益

研发职业经理人素质测评系统,为企业筛选人才提供了科学的手段

青岛市优秀人才推荐月。这是评荐中心成立以后,承办的一项影响比较深远的工作。20世纪80年代,青岛与全国一样,选拔了一大批"革命化、年轻化、专业化、知识化"的年轻干部,作为第三梯队,为改革开放事业源源不断地输送了一批又一批领导骨干。到2000年左右,20年过去了,各级领导班子又迫切需要再掌握和补充一批充满活力的优秀年轻干部。

单独开辟渠道,加快培养选拔步伐。1999年,市委组织部报市委同意,在全市范围内开展优秀人才推荐月活动。通过组织推荐和社会推荐,遴选500名各区市和市直党政机关优秀年轻干部,遴选100名市属大中型骨干企业集团优秀年轻经营管理者,进行高层次专业技术人才和特殊专业技术人

才登记，分别建立人才库。

开放式的选拔，开放式的使用。青岛市优秀人才推荐月倡导的人才培养模式，不但面向市直党政机关、国有企事业单位，还面向基层的乡镇、街道，面向全社会各类单位和个人。

选拔出来的人员，只是在培养上分别采取一些特殊措施，譬如，境内外培训、上下级挂职锻炼、机关企事业单位当面交流，等等。

在未来的选拔任用上，与其他人员都是一视同仁，不搞特殊照顾。人才月选拔出来的人员并不是当然的提拔对象。要想未来走在别人前面，必须比别人要付出更多。

过五关，精挑细选。全市上下，不管是党政机关还是企事业单位，年轻同志纷纷报名参与，共有1748名同志通过了资格审查，有1587名同志参加了笔试，经过筛选的600名党政机关人员进入了面试。对600名党政机关人员和600名企业干部接受了素质测评，最后确定500余名党政机关后备人员和100余名大型企业后备人选，进入人才库。

1999年6月25日，青岛市优秀人才推荐月选拔党政机关优秀年轻干部面试考官合影

人才月的成果，使用了20年。后来，按照部里要求，评荐中心还专门对人才推荐月最后的遴选结果进行了统计分析。从笔试、面试和素质测评3项成绩的统计坐标看，都是呈正态分布。成绩好的占到8%左右，成绩较差的占10%左右，大部分同志的成绩处在较好水平，占到80%以上，学历、能力、品行等基本素质普遍比较高。人才月之后的第二年，市委又面向全市公开选拔了50名副局级领导干部，这当中，除个别同志外，有95%都是经过人才月筛选入库的同志。

最近几年来，我因为工作关系，经常与一些市直和区市的领导同志打交道，经常翻阅市管干部花名册，总是感觉非常熟悉。这里边，相当一部分甚至可以讲是大部分，都是参加过人才月遴选的同志，有一些还走上了副市级以上领导岗位。

组织部也能出效益。这也是从事这项工作的同志最大的快乐。市委组织部通过评荐中心，采取联合招聘、市场猎取、高层交流和人才链开发，先后为80多家知名企业，包括上市公司，成功地搜寻并推荐了大量经营管理人才。

人才链开发，这是评荐中心一个较成功的做法。一个企业想找某一专业领域的人才，必须先了解这一专业的领军人物，然后通过高手再推荐高手，这样就形成一个链条，企业就可以顺着这个链条，不断搜寻，不断开发。青啤、青钢、青建、橡胶等大企业高管的引进，都是比较成功的案例。他们不仅为企业创造了几亿、几十亿的巨额财富，而且为社会也做出了相应的贡献。

青岛市职业经理人素质测评系统。这是评荐中心组织牵头研发的、与市场接轨的选人用人新方法。

从20世纪90年代开始,全国各地从欧美引进了许多人才素质测评软件,评荐中心和青岛一些大企业也组织了试用,但是测试结果明显感觉与实际情况有很大差异。后来,向国内这方面有经验的单位请教,包括北京航空航天大学、华东师范大学、复旦大学和一些央企等,发现主要是样本选择出现了问题。欧美研发的系统,都是以白种人为样本进行统计分析,而我们黄种人与他们在许多方面都有不同。

鉴于这种情况,评荐中心在中央组织部、省委组织部的支持下,牵头与华东师大、复旦大学和上海四达公司一起,从上海、武汉、青岛组织了3000多企业中高级管理人员,进行测试、取样、统计、分析。历时两年多,成功开发了中国第一套比较成熟的"职业经理人素质测评系统"。

我们组织华东师大、北师大、浙大、人大等心理学研究水平比较高的大学,海尔、青啤、海信、澳柯玛、青

评荐中心与青岛啤酒集团董事会面向全国联合招聘的青啤副总经理严旭,同时兼任华南事业部总经理。不到3年时间,华南事业部(包括所属企业)实现利润同比增长3倍

青岛啤酒在美国拉斯维加斯推介

岛港等青岛知名大企业，中央组织部考试与测评中心、省委组织部企业干部管理办公室等，一起进行了鉴定。大家普遍认为这项研究具有坚实的理论与实践研究基础，在国内处于领先水平。

　　海尔集团开始抱着试一试的态度，第一次，对从人才市场选来的十几名财会人员进行了测试，定量测评结果与他们定性的评价基本一致。第二次，他们对近年来录用的700多名本科以上学历的管理人员进行了测评，根据测评结果，确定了培养方向。第三次，他们又对集团海外推进本部的全体管理人员进行了测评，为管理人员的使用提供了重要参考。后来，海尔集团有关部门反映，海外推进本部有两名管理人员被辞退，对照测评结果发现，一个掩饰度比较高，另一个智商比较低。

这套系统应用性比较强，操作简单，自动记录和统计数据，并生成测评结果。后来，青岛市直大企业、驻青央企、民营大企业和驻青外资大企业，面向国内外招聘高级管理人员和内部选拔高管的时候，都会联系评荐中心使用这套系统，把素质测评作为他们选拔人才的第一遍筛子。

9

温故知新,我的梦就是大企业梦

───────────

工作一辈子,只干了一件事,就是为大企业服务。在漫长的 40 余年当中,我最大的心愿,就是青岛能产生更多的优秀品牌、更多的优秀企业家和更多的优秀大企业。

信心来源于企业,力量也来源于企业

放眼世界,任何一个国际大都市,没有一些著名大企业的支撑是不可能存在的,国际大都市都是与国际化大企业共生共长的。

过去40年来,在党的领导下,青岛市改革开放的最大成就之一,就是成长起来了海尔、海信这些知名大企业。这期间,许许多多风流人物如过眼烟云,但是张瑞敏、周厚健等优秀企业家则影响深远。"五朵金花"是我们城市的宝贝。

创造未来。实现国际化大都市的目标,需要有更多的大项目来铺垫,需要有更多的优秀大企业来支撑,而其中优秀企业家是最宝贵的资源。城市要做大,就需要通过"双招双引"扩大规模;城市要做强,必须在此基础上形成自己的核心竞争力。这个核心竞争力,就是自己的品牌、自己的大企业、自己的企业家。一方面,支持青岛本土大企业发展,以商招商;一方面,让双招双引实现本土化,落地、生根、开花、结果。

信心来源于企业,力量也来源于企业。老百姓讲,手中有粮,遇事不慌。从一个地方党委政府来看,只有手里真正掌握了一代又一代与时代同步,并且相当一部分走在时代前列的知名大企业、知名品牌和优秀企业家，才能真正感到心安，才能真正无愧于党、无愧于老百姓。

改革开放之前，青岛的轻纺工业在全国举足轻重，号称"上青天"，这是青岛的底气。改革开放以后，"五朵金花"也是青岛的底气。21世纪以来，既有由海尔、海信、青岛港、青啤组成的市直大企业集群，又有由四方机厂、大炼油、大造船和汽车制造驻青央企组成的大集群，这也是青岛的底气。现在，市委、市政府加大"双招双引"的力度，不远的将来就要形成一个新的外资和民企的大集群。

市直大企业集群、驻青央企大企业集群，再加上外资和民企大集群，这样，青岛这座城市就有了三大支点。而这3个支点，将确保未来的国际化大都市有一个坚实稳固的产业基础。

一个企业取得成功的过程是很漫长的，而一个成功的企业，可能要花费优秀企业家一辈子的心血。企业家太不容易了，和他们打交道40多年，我有这样一些切身体会：

企业永远是站在斜坡上，而机关大多是处在平地上

市场竞争每一天都不会停止，企业也是每一天都要面临着生存危机。企业就像斜坡上的一个球体，每一天都必须坚持不懈地一点一点往上推，哪一天不推了或不使劲了，肯定就要下滑，再不推了，也就可能一滑到底。企业完了，经营者和员工就什么也没有了，城市的损失也是很大的。

而机关的风险要小很多。正常情况下，一般不会有生存

危机。领导满意不满意，群众满意不满意，这些工作要求，也很难量化到个人收入上，一般也不会影响到生活的水平。所以，要珍惜企业、珍惜企业家。

商场如战场

无论中国市场还是世界市场，其容量都是有限的。许多情况下，市场上都是真刀真枪的竞争，优胜劣汰，你死我活。这一仗胜了，地盘就要扩大，这一仗输了，地盘就要缩小。海湾战争让我们在军事上猛醒，中美贸易战让我们在经济上猛醒。企业在残酷的市场竞争当中，必须时刻保持警惕，时刻保持清醒头脑，时刻保持前进的动力和正确的决策。一时一刻都不敢松懈，稍一疏忽，就可能前功尽弃。改革开放以来，青岛所有处于竞争性领域的市直大企业，都有这方面的经验教训。前事不忘，后人之师。

企业家是稀缺资源

不是所有的企业经营管理者都能被称为企业家，只有那些具备创新思想，能够把握趋势，形成具有鲜明的企业文化和团队精神，有创新业绩，在市场竞争中真正打拼出来的人，才能被称为企业家。简单说，就是把一个一般的企业，变成了一个优秀的企业，这样的经营者，才是一个真正的企业家。

企业家太少了。军事家是在武装斗争中打出来的，企业家也是在市场竞争中打出来的。可以说，一将功成万骨枯。企业家的产生，是赛马而不是相马的结果。20世纪80年代，也就是改革开放初期，青岛有4000多家国有集体企业，也就是说有4000多个厂长经理；进入21世纪，青岛国有集体企业变成了2000多家，也就是说剩下了2000多个企业经营者；目前，青岛市直大企业还有30多家，真正市场化的大企业集团不到10家。这些企业太宝贵了，而这些企业家更加宝贵。企业家的稳定，就是大企业的稳定，而大企业的稳定，则是整个城市稳定的关键因素。

社会管理差不多就行，企业管理差一点也不行

现在许多情况下，一些机关部门要求企业做这做那，基本上都是从机关意识出发，不了解企业与机关的差异。

企业管理是以盈利为目的的，通过管理，为用户提供合格的产品。管理是源头。如果生产的冰箱门不严实，不管缝大缝小都是管理上出了问题。要生产合格的产品，管理上必须从头到尾都要精细，所有过程都必须标准化。标准化程度

青啤致力于建设国际一流的知名品牌

越高，产品质量也会越高。

社会管理是不以营利为目的的，通过管理，让社会保持正常的秩序。人是多种多样的，社会管理也不一定要求整齐划一，只要行为是在法律法规框架之内，社会管理就是到位的。

由此看来，企业管理应该比社会管理更加精细，标准更高。地方机关部门要想为企业办一些好事、实事，不但不能把机关部门模式向企业生搬硬套，而是要引入企业管理的模式，提高工作水平，以企业为本，根据企业的特征搞好服务。否则，适得其反。

管理主要是管人，管人主要是管心

青岛有这么多处于竞争性领域的大企业，40年不倒，这其中既融入了企业家的奋斗，也融入了市委、市政府的领导智慧。市委、市政府一方面对海尔、海信、青啤这些竞争类的大企业，只管主要负责人，其他人事，还有生产经营方面的业务，基本上不去干预。另一方面，下功夫为他们创造宽松的环境，为他们服务，使他们心有所依，心有所向。

海尔、海信这些大企业内部的管理也是这样。得人心者得天下。这些大企业，一方面，都有一个稳定的企业家，这个企业家有人格魅力，企业内部的高管从心里边都把本企业的优秀企业家当作主心骨。另一方面，大企业对高管也充分放权，全力支持，只要干得好，都会极大地得到回报。

人治，让你不敢做坏事，因为上级会处罚你。法治，让你不能做坏事，因为管理严密，使你找不到机会。心治，追求的是让你不愿做坏事,因为这个单位,什么都给你想到了,你没有必要再去想个人的事了。

青岛竞争类大企业主要负责人,这么多年来始终保持旺盛的工作主动性,企业内部管理团队,这么多年也始终保持旺盛的工作主动性,其很重要的因素,就是由心而来。

董事长与总经理职责不同,工作方法也应该不同

个人的企业,在规模很小的时候,可以一个人说了算。但是,企业规模大了,特别是实行股份制以后,不管是国控还是民控,客观上要求决策与执行必须分开,这是不以人的意志为转移的。

董事长的职责,主要是决策,也就是做正确的事。企业

1998年5月30日,青岛啤酒股份有限公司与经济日报社联合举办了青岛啤酒大名牌发展战略研讨会,之后全国掀起了行业收购兼并浪潮。目前,青啤在全国有60多家啤酒厂

方向错了，这是董事长的责任。总经理的职责，主要是执行，也就是正确地做事。董事会和董事长的决策落实不了，这是总经理的责任。

董事长在决策过程中必须慎重。起码有比较、反复、交换这样3条。比较，重大决策前必须多提出几个方案，比较其优劣；然后再反反复复，多考虑几遍；还要换位思考，从不同角度研究分析。

总经理在执行过程中，必须迅速和果断。起码有计划、组织、协调、控制这样4条。先干什么，后干什么要清楚；你干什么，他干什么要清楚；下级遇到解决不了的问题，你要帮助他去处理；要盯住关键环节，放手不撒手，把握住工作节奏。

把认真作为成长的名片，让学习成为一生的习惯

与大企业打交道这么多年，感觉这就是他们的一种企业家精神，也是青岛市直大企业产生、发展，走向成功的关键因素。这些企业家都不能说是天才，但是都非常勤奋，付出了比常人多得多的辛苦。

不积跬步，无以至千里；不积小流，无以成江海。他们有一个共同点，就是办事非常认真，关注细节，追求完美，几十年如一日。每天除了工作，就是读书，包括新媒体，社交很少。学习对他们来讲，已经成为一种自然而然的状态，并且随着他们个人知识经验的一点一点积累，带动企业一点一点做大。

海湾集团坚持技术立企,工作精益求精

成就百年企业,依靠百年机制

凡是成功的企业,都拥有一个创业的企业家,但是,再往后怎么办?西方资本主义的大企业,也有少数顺利过渡到第二代、第三代的,但是多数企业富二代接班都不成功。实行股份制,碰上一个好的职业经理人,企业就可能持续发展,没有好的职业经理人,企业就要进行重组,有的就要破产。中国民营企业也是这样,从创业企业家顺利延续到第二代、第三代的是少数,多数企业都随着第一代企业家的退出而消亡。

中国国有企业分两种情况,一种是垄断性企业,这些没有可比性。一种是处于竞争领域的,从青岛的实践看,这些企业的换代风险要大大小于民营企业。主要原因,就是有市委、市政府以及组织部门做靠山。2013 年,青岛有 10 家市直大企业董事长、总经理,一次性实现顺利交替,企业不但没有倒退,反而实现了更好的发展。可以说，党的领导，是国有企业长盛不衰的根本保证。

国资监管，依法不能依权

凡是国有资产处置，国有资产监管机构都会面临上下、内外的大量压力。如何处理得当，有3条经验可以借鉴。

一是判断。遇事首先要看能不能摆到桌面上，能够摆到桌面上的事，再大的风险，也不要怕；不能摆到桌面上的事，再大的好处，也不能干。

二是区别。公对公的事宜粗不宜细，提高效率抓紧办，错了，最多受批评，写检查；公对私的事，必须慎之又慎，细之又细，错了，可能就要受到纪律处分，严重的还可能要受到刑事处罚。

三是程序。必须坚持审计、评估、挂牌，这是法定的程序，更准确地讲，这是一条铁律。任何国有资产的处理，都必须经过组织审计、进行评估、公开挂牌的程序。这样既可以保护国有资产的安全，又可以保护国资部门和上下级有关人员的安全，还可以减少来自上下内外的一些矛盾冲突。

国有体制、民营机制、有效激励，是确保市直大企业持续发展的保证

国有企业，全国各地都有，但是具有宽松环境的国有企业，青岛独有。

三个条件。所谓国有体制，就是改革开放40多年来，青岛市直大企业一直都处于市委、市政府直接领导下。所谓民营机制，就是市直大企业在生产经营中拥有与民营企业一样的经营自主权。所谓有效激励，就是把经营者个人利益与企业利益紧紧地捆在一起，企业效益提高，经营者收入随之增长，并且享有制度保障，过去实行的是年薪制，现在是增量分享。

两个优势。民营企业有的优势，市直大企业都有，就是生产经营自主权。民营企业欠缺的优势，市直大企业也有，就是全社会大张旗鼓地直接支持，包括政策支持、资源支持和社会支持。

一个结果。越是出现经济危机或国家进行宏观调控的时候，越是市场上一大批企业经营困难或者被淘汰的时候，就越是青岛市直大企业转型升级、加快发展的好时候。风平浪静时，企业与企业很难比较；大风大浪来了，管理好的企业就抗过去了，管理差的企业就被淹没了。

结 语

怎么样把失去的补回来，
怎么样赢得下一个回合的竞争

风起于青萍之末。目前，青岛正处在将富未富、将强未强的历史过渡时期，整个城市和一些优秀的大企业都有很多硬仗要打。这也是改革开放以来，青岛经济发展史上最为纠结的一个时期。

怎么样把失去的补回来，怎么样赢得下一个回合的竞争？

从国家层面看，改革开放初期，是以珠江三角洲为突破口；21世纪前后，是以长江三角洲为重点；最近几年，又大力引导京、津、冀协同发展。

青岛地处环渤海地区边缘。改革开放之初，在环渤海，在中国北方，青岛都不是很突出的城市。与大连比有差距，与济南比差不多，与烟台、潍坊比稍有优势但不明显。

现在，青岛在中国北方已经成了仅次于北京、天津的第三大经济城市。这方面的原因是什么？客观地讲，就是经济界讲的"青岛现象"带来的。即，在青岛市大企业当中出现了"五朵金花"，名牌产品、知名大企业和优秀企业家交相辉映，这在山东、在环渤海、在整个中国北方是独有的。这就是改革开放40多年青岛发展的核心竞争力。

从另一方面分析,跳出山东、跳出环渤海、跳出中国北方看青岛。青岛与珠三角的广州、深圳比,差距越来越大,沿江的苏州、成都、武汉、杭州、南京都已经走到了青岛前面:互联网经济,没有跟上去;大炼油上下游,没有做起来;外资和民营大企业,没有引进来。

发扬革命传统,争取更大光荣。过去几届市委、市政府坚持发展市直大企业集群,并且通过总结宣传"青岛现象",吸引了驻青央企集群落户青岛,现在青岛已经有两大集群在手,这是比历史上任何时候都要好的基础。

学深圳,赶深圳。这是市委、市政府对全市各行各业提出的前进目标。深圳企业的发展,有这样一个轨迹。首先是"血汗工厂"。通过招商引资,建立了许多加工厂、加工区。用廉价的劳动力,降低成本,参与市场竞争。同时学习先进管理思想,训练熟练工人。然后是"山寨公司"。有了初步的资金、技术和人才积累以后,开始模仿一些时新的产品,在市场的缝隙和法规的边缘上开拓前进。现在是"自主品牌"。经过多年积累,创造环境,在深圳这个大平台上,华为、腾讯、平安、招商和中兴等企业,已经长成了参天大树。深圳企业发展的历程,特别是最终自主品牌的成功,也为青岛发展提供了非常贴切的样板。

三桩筑稳,强本固基。未来的青岛,应该是市直大企业、驻青央企和外资民营企业,三个集群一起发展。首先继续支持市直大企业集群做大做强，发展"五朵金花"等自主品牌和港口、机场等基础设施，这是青岛的基础和核心竞争力。同时继续把驻青央企集群做大做强，包括动车、汽车、造船、炼化，特别是高新技术，这是青岛转型升级的快速路。还要加大"双招双引"力度，吸引外企和国内其他地方民企来青发展，扩大青岛经济规模和就业规模。

抓住机遇，重点突破。当今世界，物联网已经成为继计算机、互联网之后，信息科学技术产业发展的第三次浪潮。万物互联，前景广阔，未来将影响整个人类生活和世界经济格局。国家已经把物联网列入重点发展的新兴战略性产业。青岛无论是产业基础，还是人才基础，都已经具备了许多承接的条件。从产业基础看，市直大企业和驻青央企，潜力巨大。从企业家素质看，一代又一代优秀企业家，具备了终身学习和扎实做事的素质，创新创业是他们永远的追求，"不干则已，干则第一"是他们的企业家精神。

"给我一个支点，我将撬起地球"。改革开放初期，市委、市政府给青岛企业家的"支点"，就是"支持不干预"。通过建设服务型机关，让服务理念深入机关各个角落，为企业发展创造宽松环境，让优秀企业家成为全社会最受尊重的人。新时代，新机遇。党政机关更应该理解、信任、关心、支持企业家。工作上围着企业转，生活上为优秀企业家提供更优良的保障。为优秀企业家呐喊，为优秀企业家鼓劲，解除他们的后顾之忧和市场之外的压力。让企业家全身心地投入市场，让"找市场不找市长"的优良传统持之以恒。

加快经济发展，信心应该从企业家中来，智慧也应该从企业家中来，成就更应该从企业家中来。

国际化大都市，必须有自己的核心竞争力。而这个核心竞争力，就是城市自有的国际化大企业，自有的世界名牌，自有的优秀企业家。

在全市组工干部培训班上的讲课稿
（2002年12月）

根据部里的安排，给大家介绍一下青岛市企业家队伍建设的情况，也就是从"青岛现象"的背后，去看一下市委组织部的作用。

主要讲两个方面的情况。一方面，当前要做好企业家队伍建设的大背景；另一方面，市委、市政府和市委组织部在企业家队伍建设上所做的努力。

关于企业家队伍建设的大背景，主要讲三个问题。第一，目前在社会当中，什么是最宝贵的资源；第二，当今应该坚持什么样的人才标准；第三，如何培养成千上万的优秀人才。

一、目前整个社会当中，什么是最宝贵的资源

大家肯定要问，这到底是个什么意思，对组织干部讲这个东西是不是有点远了。大家听我讲完以后，肯定就会明白，这是个什么问题。这里边，说到家就是要通过搞清楚这个问题，组织干部怎样去认识自身工作的价值。

目前，有些学者讲，对整个社会和整个世界而言，拥有的资源可分为四类，就是自然资源、资本资源、信息资源和人力资源。具体到一个社会组织或经济组织当中，包括组织部门，包括工厂、企业，包括各种各样的企事业单位，资源又可以分为三种，就是经济资源、信息资源和人力资源。

不管是三种资源也好，还是四种资源也好，仔细琢磨一下，这里边最宝贵的东西是什么？经济资源是什么？它就是钱，就是生存的基础，没有钱什么事都办不了；信息资源是什么？就是决策和做事的基础，信息时代，什么都不知道，孤陋寡闻，什么事都办不了。

还有自然资源。这些都是非常宝贵的，但是，还有最重要的是什么？就是人，就是人力资源。有了钱，没有高素质的人去使用它，这个钱肯定不能升值，有了信息，没有高素质的人去处理它，也肯定不能办成大事。有了高素质的人，没有钱，也能创造钱，没有信息，也能获取信息。这就是人力资源最可贵的东西。

人力资源，就是指能够推动经济和社会发展的、具有智力劳动和体力劳动的人们的总和，它是生产活动中最活跃的因素，也是一切资源中最重要的资源。现在许许多多的人，都已经认识到人力资源就是第一资源。

在座的大家都是组织工作者，实际上就是从事人力资源管理和开发的具体执行者。在这里要讲的是，组织工作者都应该有一种高度的自豪感、责任感和使命感。因为大家所从事的工作是三百六十行当中，可以说是最神圣、最重要、最能产生最大生产力的职业,因为我们掌握的是当今社会最大的资源、第一的资源。

二、当今应该坚持什么样的人才标准

对于什么是人才,大家做这个工作,脑子里边肯定都有一个概念。什么是人才?"文革"时期叫"臭老九"。1982年,国家首次提出了人才标准,就是具有"中专以上学历和初级以上职称"的人。最近,又询问了一些相关部门的人,他们说,青岛引进人才的最低门槛,就是拥有本科以上学历的人才。

按照这个标准,会出现一个什么情况呢?就是比尔·盖茨来青岛我们也不要。尽管他个人股票价值数百亿美元,相当于好几个青岛的经济总量。但是他大学没有上完,只有相当于大专的文凭,所以他不属于人才的范畴。这说明了什么?当然不光青岛,包括上海、广州等,都是这种认识。大家想想,如果连比尔·盖茨这样的人都不是人才,如果连比尔·盖茨这样的人都进不了青岛,这是不是太滑稽了。为什么会产生这种现象?怎么样去解决这个问题?考虑必须从理论上去找答案。

现在对人的管理与开发的理论,近20年来发展很快。它从人事管理到人力资源管理与开发,再到人力资本的管理与开发,已经产生了几次飞跃。

所谓人事管理,其实就是一种直线的东西,从人的招收、录用、调配、工资调整到提拔使用等,实际上就是静态管理,它把人看作是一种物品,一种成本,一种被管理的东西。这就是人人都明白的人事管理。

所谓人力资源管理与开发，它实际上已经进化成一种平面的东西，它把人看作是一种有效的资源来经营，来开发，它从发掘人的潜力入手，更加注重人的智慧、技艺和能力的提高与人的全面发展，它是以人为中心，强调人和事的统一，它实际上已经进入了一种动态的境界。

所谓人力资本的管理与开发，它就更上了一个层次，实际上呈现的是一个立体的概念，它把凝聚在劳动者身上的知识、技能及其所表现出来的能力统统都进行了量化。

量化以后是一个什么概念呢？他创造的价值，可以产生几何式的增长，一块钱，可以变成几百几千几万几千万，与此同时，他自己也有了价值，就是身价，也可以从一块钱，变成几百几千几万几千万，变成了一种可以升值的资本。这样不管他的肤色是白、是黄、是黑，不管他的语族是拉丁、日耳曼、斯拉夫，也不管他的国家是中国、日本、韩国，都可以根据他的——知识要素，也就是受教育的程度；能力要素，也就是经历；业绩要素，也就是做出的贡献——这三个东西，来确定他的身价。

这样的结果是什么呢？人才就可以在全世界进行流通、进行交换了。它实际上就成为世界经济一体化的一个非常重要的组成部分。同时，也形成了一个全世界通用的人才理论依据。

刚才讲了什么是人事管理，什么是人力资源管理，什么是人力资本管理这些概念。从这里边，可以通过分析，得出一个结论就是：

人事管理理论所界定的人才标准，实际上就是学历高低，说到家就是根据上学的多少,来确定人才的水平高低。

人力资源管理理论所界定的人才标准,实际上就是作用大小,根据在实际工作中所发挥的作用来鉴定其水平的高低。比如说正常情况下,一个单位的局长在这个单位发挥的作用要远远高于一个普通干事所发挥的作用,从这个意义上讲,这个局长肯定是一个比这个干事水平要高的人才。

再就是人力资本管理理论界定的人才标准,这个标准就是创造价值的能力。用这个标准来衡量,张瑞敏、周厚健就是人才。为什么说他们是人才,因为他们的本事大,他们创造的价值别人比不了,而比他职务高的人,不一定有比他们大的本事。

从以上情况来看,不同的理论有不同的人才标准,要与时俱进,必须突破传统理论的束缚。现在,一贯看重学历、资历的日本、英国,在人事改革中都明确提出了"能力主义",并取消了学历统计。所以,必须不断学习新知识,用崭新的理论统一思想,指导行动。只有这样,组织工作才能与时俱进,才能更有成效。

三、新形势下,如何培养成千上万的优秀人才

因为从事企业干部管理工作,想主要从企业的角度去谈一谈对这个问题的看法。

有一个特别大的跨国公司总裁讲过,三流企业靠人才,二流企业靠机制,一流企业靠文化。

一般都讲,人才是最重要的。一个单位靠什么?主要是靠人才。对这个问题,他的回答是:一个企业如果太依赖某

个人的话，那就太危险了，这个人走了怎么办？这个企业不就垮了吗？所以，这样的企业只能算作三流企业。

二流企业靠什么？它的进步在于把企业安危系于一身的东西转变成为一种机制，一个机制肯定要比一个人管用，机制会把人的作用切成无数的碎片，因此，不管是什么人，他走了都不会影响企业的发展。

但是，从世界一流的企业来看，包括正在向世界一流企业迈进的海尔、海信、青啤、青岛港等企业看，它告诉大家一个非常清晰的道理，就是一流的企业都是靠文化来管理的，机制不能挖掘出人的潜力，但是文化却能。文化的力量是巨大的，在这些企业的文化当中，都渗透着一种激情，使每一个在这个企业工作的员工都认为自己做的是世界上最伟大的事业。比如微软，在它那个企业里边，甚至连看门的人，也都感觉到在这个企业工作非常荣耀。

从青岛的情况看，为什么海尔产生了这么多的人才？到他们的企业看看，有一大批"小张瑞敏"；到海信去看看，也有一大批"小周厚健"；再到青岛啤酒去了解一下，为什么彭作义去世了，马上就推出了金志国，并且企业比彭作义时代又有了质的飞跃。这都是企业文化培养的结果。

由此，回想起毛泽东时代，那是个什么时代？那是一个英雄辈出的时代，是一个一呼百应的时代，其实产生这些英雄的力量就是一种文化，就是毛泽东思想，这就是文化的力量。

近几年，中央又把先进文化放在了非常突出的地位，把它同先进生产力相提并论。起初学习的时候，对把先进文化提得这么高感到比较吃惊、不好理解。仔细琢磨一下，其实文化就是促进，文化就是保证。

再放眼世界。美国的国庆日不是他们建国的日子，也不是华盛顿当总统的日子，而是《独立宣言》通过的日子。《独立宣言》的意义是什么？实际上它就是标志着美国文化的开始。这里不是讲美国比我们好，而是讲文化对全世界各国都是最重要的。

所以，目前来看，组织工作要保持与时俱进，就必须形成自己的文化，每个地区、每个单位要发展也要形成自己的文化。青岛的文化是什么？就是"青岛现象"，不干则已，干则第一。这就是青岛优秀企业家的激情。

如果每一个组织干部都具有了这种激情，每一个青岛人都具有了这种激情，那么组织工作、青岛的经济和社会发展就会长盛不衰。这一个问题，想讲的主要意思就是培养人才，最关键的是要培养激情。

以上这是讲的企业家队伍建设的大背景。下面，再介绍一下市委组织部怎样为企业家成长铺路架桥，也就是从"青岛现象"的背后，看一下市委组织部的作用。

青岛市国有（集体）企业1998年有4600户，而到2002年已经减少到1900户，经营性国有（集体）资产1998年是308个亿，而2002年已经增加到451个亿。国有（集体）企业大幅度减少，而国有（集体）资产却大幅度增加，这里面主要因素是什么？

其实，最主要的就是大企业发挥了关键的拉动作用。而大企业的发展主要靠什么？这其中，张瑞敏等一大批优秀企业家起了根本性的作用；再往更深层次考虑，这一大批优秀企业家是怎样产生的、怎样成长起来的？我们感到，市委组织部作为干部选拔、培养的职能部门，应该说发挥了非常重要的作用。

多年来，市委组织部建设企业家队伍的基本思路，就是逐步从传统的人事管理向现代的人力资源管理与开发转变，特别是近年来，部主要领导和分管领导都提出，对手里掌握的企业家队伍不能简单地作为市管干部去管理，而要作为干部队伍当中最丰富、最优良的资源去管理、去开发。这里面主要抓了管理、选拔、培养、激励、监督五个基本环节，还有自身建设。

一、在管理方面，坚持与时俱进，紧紧围绕促进生产力的发展，不断调整企业领导干部管理体制，努力为企业家的成长开辟一个又一个更广阔的空间

改革开放以来，青岛市企业领导干部管理体制发生了四次大的变化，这些变化可以说基本都与国家政治、经济和社会的发展是相一致的，并且都促进了青岛市的企业不断地向前发展，可以讲是非常大的发展。

第一个阶段是1984年到1992年，实行改革开放，这个期间，市委下放了企业干部管理权限，它的结果是什么？结果产生了海尔、海信、双星一批名牌企业。在此之前，市委对企业领导干部实行"下管两级"，管得比较死，企业也没有什么自主权，发展非常慢，不是一般的慢。

通过把干部管理权限下放到主管局，极大地调动了各个方面的积极性，落实了企业用人权。与此同时，市委、市政府实施了名牌战略，海尔、海信、双星、青岛港等大企业都是从这个阶段起步的。我们青岛也出现了冰箱、彩电等"五朵金花"。

第二个阶段是1992年到1998年，邓小平南行谈话发表以后，市委把一批大企业列为市直企业，这次调整的结果是什么？培育了一批大的企业集团。

在这之前，海尔、海信、双星、青啤这些企业在发展过程中与主管局的矛盾日益激化，直接影响了企业的发展。在这种情况下，市委、市政府果断地把这些企业从主管局里拉出来，直属市委、市政府。成为市直单位以后，政府对企业的干预就非常少了，他们也是国家最早的一批无主管企业。

其实，所谓政府对企业的干预，最大的干预就是对人的干预。在这一点上，市委组织部是非常清醒的，所以这些企业列为市直后，在人的问题上，几乎没有什么束缚，同时市政府还给他们很多的政策支持。所以，在这期间，海尔、海信、青啤、澳柯玛这些企业，都由过去单一的工厂发展成为初具规模、由十几个、几十个甚至上百个工厂组成的企业集团。

第三个阶段是从1998年至今，就是国家"入世"前后，按照与国际接轨和现代企业制度的要求，对企业领导人员实行了分类分层分级管理，这个期间，这些大企业集团都逐步走上了国际化的道路。

所谓分类，就是按照政企分开的要求，对企业和企业领导人员不再套用党政机关的级别；所谓分层，就是按照把决策层和经营层分开的要求,实行董事会和经理班子的分别管理;所谓分级,就是按照产权关系来确定企业人员的管理关系。

按照这个意见调整后,市委只管理35个市直企业的正、副董事长,党委正、副书记,总经理和监事会主席等主要领导人员。原来市委管理的市直企业的副总经理和三总师都直接放给了企业。

实践证明,干部管理权限的调整,对进一步落实企业的用人权,促进企业的发展起到了积极作用。海尔集团在自主管理行政副职后,先后把3名35岁左右的年轻干部提拔到副总裁的岗位,不仅增强了班子的活力,而且在企业的超常规发展中发挥了重要作用。

现在,海尔利用短短的几年时间,在全世界大部分国家都建立了自己的网络,在全世界主要国家都建立了自己的研发中心和制造工厂。负责推进这项工作的机构是一个海外推进本部,而这个海外推进本部部长,就是由放权以后海尔自己提拔的常务副总裁兼任的。如果按照过去论资排辈,像他这种资历的人,要这么快地上来并且做出这么大的成绩,是根本不可能的。

第四个阶段,就是党的十六大以后,目前正在酝酿的自上而下的国有资产管理体制的调整,这次调整的结果,影响将是深远的,目标就是要通过调整,实现出资人到位,为市直大企业进入世界500强做出贡献。

十六大提出,中央政府和地方政府分别代表国家履行国有资产出资人职责。这样,政府与企业的关系就由行政隶属、上级与下级、领导与被领导的关系，变成了以资产为纽带、出资人与经营实体的关系。

过去，对企业干部的管理，主要是站在行政管理的角度去考虑。按照国际惯例和现代企业制度的要求，作为出资人最起码有三项基本权利：资产处置权、分配收益权和选择经营者的权利，其中最关键的就是用人权。

现在，必须要考虑两个问题：一是国有资本退出，国有企业实行股权多元化的问题。股权多元化是一个现代企业制度的标志，它决定了董事会拥有了企业最高决策权，包括用人权。政府决定企业命运的时代已经结束了，政府只能管你自己的产权代表。现在，市委对市直企业领导干部实际上是全部都管，包括放权的这些企业副总，市委也有干预权。

但是，在实现股权多元化的情况下，政府只能站在出资人的角度，去管理自己的产权代表，也就是代表国有资产的董事长和董事。而属于董事会管理的总裁、副总裁、三总师，只能由企业董事会自己管理了。比方在青啤公司，如果你不这样办，那么美国AB公司还有其他股东肯定不会同意的。

再一个问题，就是国有资产管理体制改革的问题。国有资产管理委员会的设立，标志着国有企业将实现管人、管事和管资产相统一。这里边，还有一个党管干部的情况。中央的精神是关系到国计民生、国家安全、国家经济命脉的大企业主要领导人员仍由各级党委直接管理，这个问题和管人、管事、管资产实际上并不矛盾。比方说，人大、政府也有一个法律规定与党管干部原则相统一的问题。

另外，国有资产全部退出或只保留少数股权的企业，它的领导人员的管理也将根据产权关系，由资产所有者自行决定。这些东西的调整，大家一定要有一个正确的认识，这是企业发展的需要，这是社会进步的需要，只有这样才能保证海尔、海信等等大企业实现更长足的发展，才能保证国家在世界经济一体化进程中立于不败之地。

二、在选拔方面，坚持能人里面选好人，谁能被市场所接受就用谁，通过选拔一个又一个在市场竞争中立于不败之地的精英，逐步造就一个优秀企业家群体

党政机关是在好人里选能人，企业为什么要在能人里面选好人？主要是着眼点不一样。政府讲究公平和秩序，企业讲究效益和市场，企业用什么人？首先要考虑利润最大化，也就是市场接受不接受，市场接受了，就能给企业带来效益；市场不接受，企业就没有效益。

所以，这几年来青岛首先是用能人，也敢于用一些有缺点的能人，只要市场接受、能给企业带来效益，就敢于把一个企业交给他，但决不用没有缺点的好人。

目前，市委组织部对企业领导干部的选拔主要有两种方式，一个是组织选拔，一个是市场配置。多年来，坚持组织选拔为全市的经济和大企业发展做出了很大的贡献。比如青啤选择金志国，澳柯玛支持鲁群生，利群保护徐恭藻。组织选拔使很多优秀企业家走上了大企业集团的重要领导岗位，为企业带来了巨大的效益。

去年，市委又让全国开发西部的优秀典型姜志光担任了凯联集团的董事长。姜志光上任时间不长，头发就白了很多，他现在的感觉，又像回到十几年前红星化工创业的时候。这些人的成功，说明传统的组织选拔方式仍然是非常有效的。

但是，随着市场经济的发展，完全依靠传统的组织选拔是不够的。这几年部里又探索了市场配置的方式，已经为国有、集体、民营、外资、股份制等80余家各类知名企业，成功地从市场上搜寻并推荐了总裁、总经理，独立董事、监事、审计特派员，营销总监、财务总监、人力资源总监、技术总监，法律顾问等300多名高级企业经营管理人才，涉及工业、农业、商业、旅游、金融、证券、保险、投资和外经贸等十几个行业，效果非常好。

当然，最典型的例子就是青啤。1998年初，在组织考察中发现，青啤这么好的酒销不出去，说明销售队伍非常薄弱，有些干部还在等着别人来找他们批条子。发现这个问题后，部里会同市政府有关领导做他们的工作，面向全世界公开选聘营销副总，就选择了严旭。

当时严旭是广州珠江啤酒集团的销售副总，她来了之后把销售网络也带来了。以前，青啤在广东每年销售7000吨，并且收不回钱，他们自己说是"肉包子打狗——有去无回"，因为他们连广东话都听不懂，怎么去卖啤酒？去年严旭已卖到了70万吨，利润2个亿，占整个青啤集团利润的一半。

当然，市场配置能够取得成功也不是简单的。当时面临很多问题，比如远程考察，怎么考察，政治业务素质怎么把握，经济问题、法律纠纷、人事关系如何处理，等等。当时，我们也不会做，后来下了很大的功夫，采取了背景调查、业绩评估、素质测评、情景模拟等一系列符合市场要求的新方法。

比如，背景调查，过去考察一个干部就是通过组织找人谈话，还要搞推荐，现在去挖人，谁跟你谈？就依靠全国组织部门、评荐中心的网络以及专业调查机构，找熟悉的人、可靠的人谈，一个阶段一个阶段地去了解，把握他的成长过程，再进行判断。

业绩评估，主要是看工作干得好不好，说起来，最好的办法是审计，但在实践中往往不具备这种条件。那怎么办？只有靠评估的办法，请专家、依靠当地的权威部门来解决这个问题。对严旭，基本上就是这样做的，当时就找了广东省经委、广州市委组织部、国家轻工总会，才拿准了。

素质测评，主要是看潜能。通过自主开发的职业经理人素质测评系统，对他们的一般能力、核心能力和行为特征进行测试。除了青啤外，前段还对海尔、海信等大企业3000多人进行了测试。这些都为市里和企业选好人提供了依据。可以讲它是目前全国最好的一套人才综合素质测评系统，它为干部考察工作开辟了一个崭新的领域。

情景模拟，主要是应用了文件筐技术。文件筐技术是知识性考试的一次革命，由考知识变为考能力。在西方发达国家，不管是考高级公务员还是考高级企业管理人员，笔试基本上都是用这个办法。就好像是一个领导，每天都要处理几十、几百甚至是上千大大小小的事务，怎么分类，怎么分清大事小事、怎么分清轻重缓急,怎么处理得当。这个办法就是模拟当领导,在一个特定的环境中,考察一个人作为领导的反应和能力。

当然,市场配置的办法能够成功,必须"三赢":就是企业、人才和组织部门三者都要达到目的。我们的理念就是"与企业共求人才,与人才共享成功"。目前,这些现象还只是在企业,将来肯定会延伸到机关。因为经济基础的变化,必将影响到上层建筑。

最近市委领导同志在谈到青岛市机关考核时说,"在机关管理中引入企业的管理办法是一个世界性的课题",下步党政领导干部的管理也应该有新的变化。比如,怎么引进外来人才,引进过程中怎样搞民主评议,怎样搞组织考察,都可以借鉴企业的这些做法。

三、在培养方面,坚持让成功者更成功,让年轻人站在巨人的肩膀上往前走,精耕细作,从小企业一把手当中培养大集团一把手

党政机关培养干部,是讲究台阶的,培养一个局长要从副处、正处,副局、正局,一步一步来。那么大企业集团的总裁是不是也应该这样培养?

对这个问题,也探索了多年。后来,就是从分析张瑞敏、周厚健这样一批优秀企业家的成长历程中,发现了一些规律性的东西。从青岛市的实际情况来看,优秀企业家90%以上都是从基层一把手干起来的。一般的企业一把手与大企业集团一把手,他们的管理幅度基本是一致的,不同的就是一个

管理深度的问题。因此，多年来，一直坚持从效益好的厂长当中培养大集团的一把手，也就是说让成功者更成功。

一是实践锻炼培养。一个有名的企业家讲过一个观点，什么是企业家？作为一个成功的企业家，最重要的是，世界上别人没有想到的，他首先想到了，别人不敢做的他做了，并且是一个成功者。实际上，他的理念与我们的做法是吻合的。在培养的方式上：

第一种办法，就是把他们放在一个企业的一把手岗位上，直接面对市场，他们就是在无数次血雨腥风的锤炼和摔打中逐渐成长起来的。

第二种办法，就是确保比较好的企业一把手都有一个较长的稳定的任职周期。稳定就是培养。只要是企业发展上不存在什么大的问题，市里一般不轻易调整企业领导班子，主要是使这些优秀的人才能够不间断地积累提高。他们个人的提高与企业的发展实际上是一致的。这样，企业家得到了锻炼，企业得到了更大的发展。

第三种办法，就是以老带新"开小灶"。青岛的知名企业家比较多，这是一笔非常宝贵的财富，也是后备人才最好的老师。现在有几位优秀企业家已年过60或将近60岁，市委暂时不让他们退休，其中一个重要考虑就是让他们带出一批人来，使后来者能够站在巨人的肩膀上往前走。

二是知识更新培训。在新经济时代，谁先掌握新知识，谁就能在市场中争取主动。多年来，市委组织部十分重视对企业家的知识培训，但是从来不搞大呼隆，不搞一刀切，主要是强调内容的针对性和效果的层递性。

从人力资源开发的角度上看，培训的效果应该分三个层次：

第一个层次就是要达到用专业的话说专业的事，就是要培养优秀的、高级专业管理人才。

第二个层次就是达到用专业的话说非专业的事，也就是培养能够触类旁通、善于处理复杂问题、具有决策能力的职业经理人。

第三个层次就是要达到用非专业的话说非专业的事，主要就是培养研究事物发展规律、开拓创新的大企业集团的首席执行官。

1997年，通过考核发现青岛市企业最缺乏两种人：一种是高级财务人员，一种是高级营销人员。当时，我们就分别与上海财经大学和南开大学合办了脱产两年的高级财务班和高级营销班。这两个班培养的是企业总会计师和营销副总，实际上就是第一个层次的人。

从2000年开始，把一些优秀的后备人才选送到美国伊利诺伊大学进行脱产培训，目前已举办了3期。去年，又与上海财经大学合作开办了职业经理人培训班。这两个班实际上就是培养第二个层次的人，也就是一批职业经理人、项目经理等。

中国入世后，企业直接面对的是国际市场和跨国公司，这就需要一大批顶尖级的企业家。为此，去年与南开大学又合办了高级管理人员工商管理硕士（EMBA）班，主要对象是省直和市直大企业集团一把手。这个班是全省和全市职务层次最高的一个学历班，共招收了40名，其中省直大企业集团董事长和总经理10人，市直大企业集团董事长和总经理30人。

今年，正在办第二期，下步还要与美国伊利诺伊大学联合搞EMPA。EMBA、EMPA培养的就是第三个层次的人，也就是大企业集团的首席执行官和局长以上的高级公务员。

三是实施后备计划。老百姓都说，手中有粮，心中不慌。做干部工作，必须手中有人，才能遇事不慌。多年来，市委组织部手中始终掌握着一批素质比较高的大企业集团后备一把手名单，以备不时之需。

2000年7月底，青啤公司总经理彭作义同志突然离世，国际国内对突然进入"后彭作义时代"的青啤议论纷纷，特别是很多股民包括境外的股民都有担忧，但是市委组织部和有关部门很快就向市委建议，推荐45岁的金志国做新的总经理。

金志国原是青啤西安汉斯公司总经理。没到西安之前，1996年西安公司亏了2400多万元，他去了之后，力挽狂澜，1997年当年扭亏为盈，到了2000年，年利润达到7800万元，成为当时青岛之外的青啤最大的利润增长点。金志国任职消息公布后，市场反应很快，青啤股价马上就开始回升。现在看，青啤集团的效益不但没有下降，反而攀升了30%。金志国就是我们后备计划中的储备人才。

目前，正在修订市直企业百人后备计划，还要选调一批后备年轻干部到市委、市政府的经委、计委、研究室、国资办等经济综合部门任职，既可以回避一些矛盾，又有利于熟悉全市经济情况，锻炼宏观决策能力，为将来大企业的持续发展做好战略储备。

四、在激励方面，坚持着眼于长远，从政治、物质、事业多方面对企业家进行综合激励，把计划经济形成的短期行为变为长久的、个人自发的、具有高度责任心的原动力

实践证明，青岛的做法是非常成功的。成功就在于我们的激励是适合中国国情的，是具有中国特色的。西方经济学讲的激励主要是物质上的激励，而在中国只讲物质是远远不够的，必须要体现党的领导，体现公有制为主体的性质。因此，在体现物质的同时，必须体现政治的、社会的，也就是一些精神上的东西，就是物质和精神的统一体。

一是物质激励。马克思在150多年前就讲到，劳动分为简单劳动和复杂劳动，复杂劳动是简单劳动的倍加。马克思主义的分配原则是按劳分配。过去在报酬上，没有把复杂劳动和简单劳动分开，搞平均主义，实际上这是违反按劳分配原则的。企业家从事的是高度复杂的脑力劳动，他的报酬也应该是简单劳动的高度倍加。

党的十五大提出生产要素参与分配，实际上就是把马克思主义按劳分配原则与当代中国的实际相结合提出来的。早在1998年，青岛就开始在部分企业推行了以基薪和风险收益为主要内容的年薪制。由于年薪数额很大，刚开始的时候，企业家思想上也有些顾虑，拖了两年，没有落实。2000年春节前，市委召开了青岛市优秀企业家座谈会，会上市委和部里领导同志主要针对这个问题，面对面地做企业家的工作。领导一片诚心，企业家非常感激。

这两年青岛市的企业为什么能持续高速发展，可以说这件事起了很大的作用。在这之前，曾听到好几个优秀企业家讲，许多人都劝他们别傻干了。但年薪制落实以后，再也没听说过这样的话。这个情况说明，有好的制度，再有好的领导，好事才能办好。

现在，青岛市实行年薪制的企业已经达到21家。下步还要逐步调整试行年薪制的企业范围。目前，正在搞的物质激励措施，还包括期权期股。就是把绝大部分收入转为股份，当年拿不着，必须经过几年后，审计后没有问题才能兑现；有的部分，退休后才能兑现。这是一种长效办法。

二是事业激励。马斯洛需要层次理论讲，人的需要分为生存、安全、交往、尊重、自我实现5个层次。通过多年来对青岛的这些企业家的了解，他们的需要已经远远地超出了一般的层次了，他们最大的追求是什么？就是要实现自己的价值，成就一项大的事业。

企业家的这种追求与市委、市政府的目标、与全市老百姓的愿望、与整个社会的发展实际上是完全一致的。企业家的价值得到实现，企业就得到了发展，地方就可以增加很多劳动就业的机会，职工的生活质量就可以不断提高，政府的财政收入就可能大幅度增长，政府就有能力建设更多的社会公益事业，因此，支持大企业的发展就是提高生产力，就是维护人民群众的根本利益。所以，这些年市委、市政府一直花大力气支持企业家成就他们的事业，把优良资产向优秀企业家集中。

1980年代末期，市里把红星洗衣机、得贝冰柜、青空空调划给海尔，海尔形成了一个集团的雏形；1990年代中期，市里把电子仪表公司的优良资产交给了海信电器；去年，又将华青橡胶交给双星经营。这些举措为优秀企业家搭建了一个非常广阔的舞台，为青岛市的发展做出了贡献。

三是政治激励。什么是政治激励？实际上，就是政治地位和政治荣誉。企业家队伍是人力资源中最宝贵的资源，是最有价值的人力资本。按照"三个代表"的要求，市委、市政府长期以来一直坚持这个观点，只要企业家做出了成绩，就要给予他们相应的地位和荣誉。

这些年来，一方面，市委和市委组织部一直把大企业集团的领导干部，作为市管干部的重要组成部分，与市区和市委、市政府部委办局的领导同志享有同样的政治待遇，比如出席重要会议、阅读重要文件、享受一二类医疗卫生保健，还有少数最优秀的企业家享受优诊待遇。近三年来，市委、市政府每年还要安排市委组织部，在春节之前专门召开一次优秀企业家座谈会，市委、市政府的主要领导同志亲自与优秀企业家交流工作和生活情况，共商改革发展大计。

另一方面，市委、市政府还尽最大努力，向中央和省里推荐青岛的优秀企业家，可以说给予了他们崇高的荣誉。各级党代会、人代会、政协会的代表和委员中，企业家都占有相当大的比例。比如，张瑞敏同志是中共中央候补委员。第十届全国人民代表大会，青岛的18名代表当中，企业家就有7位，占了1/3还要多。这些激励确实给了企业家最大的成就感和荣誉感，反过来，他们一定会竭尽全力地为青岛经济发展做出更大的贡献。

五、在监督方面，坚持把保护寓于监督之中，从出资人的角度，逐步建立一套比较有效的监督体系，保证企业家和企业的健康成长

国内许多地方有这样一种现象，一些优秀企业家过不了三五年就销声匿迹了，而青岛这种情况极其少见。他们当中极少有中途落马的，这一方面得益于他们自身修养好，另一方面同监督约束制度有很大的关系。

这几年来，对企业家的监督，也有一个逐步转变的过程。怎么转？就是逐步从传统的行政管理角度向代表国有资产出资人的角度转变。看住了人，看住了钱，就看住了企业的关键。

这里边，市委组织部是一个总枢纽。日常分两条线：一条监督经济运行，一条监督财务。监督经济运行，就是通过市委有关工委和市政府综合部门这条线；监督财务，就是通过国资、审计部门和监事会主席、审计特派员这条线。年终，在此基础上，市委组织部牵头，市委有关工委、国资、审计和纪委、工会、体改共同参与，进行"六位一体"的综合考核。这个监督体系的建立，目前看，成效是比较明显的。

一是日常的经济运行监督。企业和企业家是紧密相连的，日常企业的生产经营搞得好，企业家肯定也是好的。监督企业的经济运行，实际上就是监督企业家的工作表现。政府综合部门天天与企业打交道，对企业的生产经营状况和领导班子的动态比较敏感。因此，日常的监督主要是靠他们，市委组织部与他们保持密切的联系。发现问题都是坚持从大局出发，在坚持发展生产力的前提下妥善处理。

前两年，有一个企业集团老总接近60岁，当时有部门反映他积极性衰退，并且经营情况明显下滑。接到这个反映后，我们没有简单地就事论事，而是很认真地分析企业的情况，从企业发展的角度，研究处理办法。后来，部里主要领导亲自到企业去，面对面地交谈，讲企业还离不开他，给他吃了定心丸。很快企业又有了较大的发展。

去年，还有一个企业老总精神不振，企业发展速度明显放慢，为什么？就是有一部分人来告他。部里旗帜鲜明，部里主要领导亲自到企业表示支持他，让他放心大胆地工作。这使企业家很受鼓舞，以优异的业绩回报了组织的信任。去年，这个企业实现利润比上年增长了30%多。

二是日常的财务监督。企业生产经营的过程，实际上就是资金流动的过程。当年，盖评荐中心大楼的时候，部领导曾经讲了两句话：主权不能丢，财权不能丢。这告诉我们，在经济领域当中，钱管好了，其他的都好办。

为了加强对市直大企业集团财务的监督，从1999年开始，市里共面向社会公开选聘了4批80多名财务总监、监事会秘书和审计特派员等，派驻到近20个大企业集团。对这些人的要求，就是"瞪大眼睛，竖起耳朵，张开嘴巴"，发现问题要讲，但是不能直接干涉企业的生产经营。

从派出的效果看比较明显。前几年，国有资产监督人员查处市商业、机械、一轻、二轻、医药等国有资产经营公司亏空很大，后来逐步都得到了处理。

现在凡是派驻监事会的企业，都做到了4个基本清楚：即资产清楚、经济效益清楚、经济运行状况清楚，企业家廉洁情况清楚。

三是每年一次的综合考核。过去，市里很多部门都要组织对企业的考核，工作重复、指标繁杂、结果不一致，企业很难承受。从1999年起，把市里所有对企业的考核归纳在一起。考核结果一方面作为市委对大企业集团领导班子调整的依据，另一方面作为市政府对大企业集团进行年薪制、国有资产保值增值奖惩兑现和签订下一年度经济目标的依据。

这样做的好处，起码有这样几点：为企业减轻了负担；为党政机关减少了工作量；特别是对干部调整来说，一次考核结果，全年都可以使用，遇到紧急情况，随时都可以依据考核结果进行调整，比较隐蔽，不会产生大的波动；同时还有利于发现、储备一批有潜力的后备干部，不会产生大的矛盾。这几年，市里依据考核结果对29个大企业集团领导班子进行了调整，涉及领导人员150多人，有力地推进了我市大企业集团的持续发展。

后 记

尊重企业，尊重企业家

恰逢中华人民共和国成立70周年大典前夕，这本书正式完成，非常高兴。我想，这也是一个工作40余年的老兵，为国庆典礼奉献的一个礼物，虽然微薄，但却充满了情感。是不是可以这样讲，这既为祖国文化百花园增添了一朵带有青岛企业家色彩的小花，又为浩瀚书海增加了一个青岛优秀企业家群体的印记。

总有遗憾未补，总有希望相伴

虽然与青岛企业家群体打交道这么多年，也确实见证了他们艰苦创业的奋斗历程。但是，静心细想，许多情况也只是看到了表层。由于水平所限，并且没有亲临其境，确实也很难把他们生活的真情实感表达出来。

有这样一件事，让我印象深刻。有一天，我偶然在手机短信上发现，一个大企业董事长给我发短信的时间，许多都是下半夜两三点钟，联想到他讲过多次，有事明天中午以后再联系。把这些情况一个一个串起来一想，恍然大悟。他们的工作时间，经常是通宵的，他们经常是彻夜不眠的。

这也告诉我们，海尔、海信能用二三十年的时间，战胜日韩和欧美家电企业，除了靠智慧和能力之外，还有一种拼命精神。许多成就是拿命换来的。他们总是站在斜坡上，不进则退，甚至可以讲，不进则亡。

商场如战场，市场竞争就是你死我活，实际就是这么残酷。我们在机关工作，虽然许多同志也是比较尽心，但是，从风险和挑战上来看，与企业是不可比拟的。

可喜的是，现在市委、市政府为青岛经济再度腾飞下了巨大的决心，对企业家队伍建设也愈来愈重视，并且把对机关工作的要求，设置到让企业舒心不舒心的标准上来，这是人心所盼，也是人心所向。

常怀感恩之心，常念相助之人

想想在这个岗位上，能够为大企业服务这么多年，一方面，是市委、市政府和部主要领导的信任；另一方面，是市直大企业领导干部，特别是一些优秀企业家，对我们工作的认可。

这么多年来，特别是我在国资委主持工作近6年期间，他们不管自己遇到多大困难，在企业利益与国资委意见发生冲突的时候，总是以大局为重，全力支持市里的发展。

前几年，政府换届以后，地方财政收入需要进行一些调整，几个市直大企业迅速从全国、全世界各分支机构调剂回笼，有一个大企业一次性为地方财政提供多达50亿元的收入。

连续十几年,每年青岛市地方财政贡献排序,海尔、海信总是排在前两位,青啤、青岛港都是在前六位之内,青岛农商银行、青岛银行也总是排在十位上下。

在下岗职工上访比较激烈的那些日子里,一些大企业领导人员都站出来,把尖锐的矛盾揽过去,承受了巨大的压力,无怨无悔。他们在市委、市政府领导同志面前,特别是在市委组织部历任常委部长面前,为我们讲好话,总是为我们承担责任。

路遥知马力,日久见人心。这么多年来,每当工作遇到困难的时候,回头一看,大企业领导同志都是站在身后,给我们鼓励、给我们信心、给我们智慧、给我们力量。

崛起于风云,回归于平淡

在起草这个书稿的过程中,常常回忆起我所崇拜的这些优秀企业家。他们的故事,一幕一幕总是在我脑海里闪现。是党的改革开放政策造就了他们。他们也无愧于党的培养,无愧于这个伟大的时代,无愧于支持他们的青岛父老乡亲。

中国第一批优秀企业家队伍有他们的位置;央视第一次评选出对中国经济影响力巨大的十位年度人物,有两个他们的名字;中国第一批十大驰名商标,青岛也占了两席;在全国庆祝改革开放40周年大会上,张瑞敏作为注重企业管理创新的企业家,与也是市直大企业的青岛港杰出工人代表许振超一起,荣获全国改革先锋勋章;庆祝中华人民共和国成立70周年,张瑞敏和许振超一起获得全国"最美奋斗者"荣誉称号。他们在中国改革开放大潮中，奉献了一个又一个数不过来的第一。

现在他们多数都退出了历史舞台，但是，他们没有高调、没有奢侈、没有纠纷，都像一些普通的老人一样平静地生活，在社会上展现的都是满满的正能量。

去年，市委老书记回青，还请一个知名大企业的老董事长，写了一篇关于企业法人治理方面的文章带回北京。这位老企业家写好后，也让我提提意见，我看到的是，通篇贯穿着感恩、思考和对未来的信心，充满着关心企业、关心我们这个城市、关心祖国未来的情感。

我确实感觉到，过去他们是我的老师，现在是我的老师，将来仍然是我的老师，他们是我一辈子学习的榜样。

江山代有才人出，各领风骚几十年

对于一个城市来讲，企业很重要，企业家更重要。过去，改革开放40年，青岛涌现出张瑞敏、周厚健等许多优秀的企业家，他们创造了"五朵金花"，并且带领海尔、海信等名牌大企业，支撑青岛经济几十年。

未来青岛，要建设真正的国际化大都市，现有这些企业是远远不够的，必须有更多的国际化大企业、更多的优秀企业家，创造科技含量更高的知名品牌。

实事求是地讲，青岛这些成功的企业家，不是层层选拔出来的，而是在市场经济大潮中，靠搏击奋斗涌现出来的。

历史的经验告诉我们，作为党政机关的首要工作，首先是培育土壤，创造适宜企业家生长的环境；然后是发现苗子，维护他、帮助他、支持他，用过去市委老领导经常讲的话，就是见苗浇水；最后是陪伴他长成参天大树。

应该尊重企业，尊重企业家，不管是国有企业也好，还是其他企业也罢，他们都不是机关的下属，而应该是市场的主体。

以前，在机关里经常讨论，我们都是花钱的手，企业是挣钱的人，让花钱的人去教给挣钱的人怎么挣钱，肯定是不对路子的。

企业是市场的主体，我们的任务就是尽心尽力为他们搞好服务。打个比方，如果我们能当上一个合格的"店小二"，给张瑞敏、周厚健端上盘子，让企业家满意，那么我们也是很厉害的人，起码说明，我们的意识与他们接近了。

现在市委要求，各级各部门的政务服务标准，就是要让人感到舒服，让企业家感到舒服。其实，这是一个以人为本的思维，这是一个很高的标准。

按照这个要求持续下去，青岛肯定会像深圳那样，培育出更适宜新一代企业家生长的沃土。一代又一代"小张瑞敏""小周厚健"，肯定会一茬一茬，层出不穷。

国际化大都市，必须培育本土的国际化大企业，必须培育具有自主知识产权的高科技品牌，必须培育自己的优秀企业家，必须培养一批又一批读得懂企业、读得懂企业家的干部。

图书在版编目（CIP）数据

做大企业发展的铺路石：改革开放与青岛企业家现象札记/王宁著. —青岛：青岛出版社，2019.9

ISBN 978-7-5552-8478-9

Ⅰ.①做… Ⅱ.①王… Ⅲ.①国有企业-企业管理-经验-青岛 Ⅳ.①F279.241

中国版本图书馆CIP数据核字（2019）第167824号

书　　名	做大企业发展的铺路石——改革开放与青岛企业家现象札记
著　　者	王　宁
出版发行	青岛出版社
社　　址	青岛市海尔路182号（266061）
本社网址	http://www.qdpub.com
邮购电话	13335059110　（0532）68068026
策　　划	贾庆鹏　刘　咏
稿件统筹	高继民
责任编辑	刘　坤
装帧设计	戊戌同文
印　　刷	青岛双星华信印刷有限公司
出版日期	2019年9月第1版　2019年9月第1次印刷
开　　本	16开（787mm×1092mm）
印　　张	14.25
字　　数	285千
书　　号	ISBN 978-7-5552-8478-9
定　　价	39.00元

编校印装质量、盗版监督服务电话　4006532017　0532-68068638